LES CATHOLIQUES EN LORRAINE ET LA GUERRE D'ALGERIE

Fidèle à sa volonté de maintenir vivant l'ensemble du catalogue et de continuer à rendre accessible à tous la richesse de son contenu, Les marques du groupe L'Harmattan proposent les ouvrages, même s'ils sont épuisés dans leur premier tirage, et les impriment à la demande.
Au vu de l'ancienneté de ce titre, un exemplaire original a été numérisé pour être réimprimé, ce qui pourrait altérer légèrement la qualité de certains passages.

© L'Harmattan, 1999
ISBN : 2-7384-8326-7

Valentine GAUCHOTTE

LES CATHOLIQUES EN LORRAINE ET LA GUERRE D'ALGERIE

L'Harmattan
5-7, rue de l'Ecole Polytechnique
75005 Paris - FRANCE

L'Harmattan
55, rue Saint-Jacques
Montréal (Qc) - Canada H2Y 1K9

Collection LE FORUM - IRTS de Lorraine
Janine DEJONGHE, Paul-Elie LEVY

José ROSE, Bernard FRIOT
"La construction sociale de l'emploi des années 60 à aujourd'hui."
Novembre 1996

Giuseppina SANTAGOSTINO
"Shoah, mémoire et écriture, Primo Levi et le dialogue des savoirs."
Avril 1997

Eirick PRAIRAT
"La sanction. Petit manuel à l'usage des éducateurs."
Mai 1997

Georges NAVET
"La cité dans le conflit"
Novembre 1997

Ariane LANTZ
"L'Administration face aux étrangers. Les mailles du filet."
Avril 1998

Agnès GUILLOT
"Les jeunes professeurs des écoles : devenir enseignant."
Mai 1998

Christian MOLARO
"Violences urbaines et violences scolaires."
Septembre 1998

Stoian STOIANOFF-NENOFF
"Pour une clinique du réel. Lacan et les didactic(h)iens."
Septembre 1998

Eirick PRAIRAT
"Penser la sanction. Les grands textes."
Septembre 1999

Marie-Jeanne CHOFFEL-MAILFERT,
Janine DEJONGHE,
Hans-Jürgen LÜSEBRINK
"Regards croisés d'une culture transfontalière."
Septembre 1999

LE FORUM - IRTS de Lorraine organise chaque année conférences, colloques et journées d'études. Cette collection publie des ouvrages liés aux problématiques plurielles développées dans ces diverses manifestations. Les thèmes abordés se situent dans le champ des sciences humaines et des questions sociales : psychanalyse, sociologie, travail social, histoire, philosophie.

PRÉFACE

On a plaisir à présenter un travail historique de cette qualité. A l'origine, le livre de Valentine Gauchotte est un mémoire de maîtrise. Je tiens d'autant plus à le saluer que, au départ, je n'étais pas spécialement désireux de diriger une telle entreprise, échaudé que j'avais été par des tentatives antérieures du même type, médiocres ou avortées.

Jusqu'à tout récemment, la maîtrise était conçue comme le premier apprentissage à la recherche. Et, pour nombre d'étudiants d'histoire, futurs professeurs certifiés, elle était la seule occasion de se frotter à la recherche dans toute leur existence d'enseignant. On ne dira jamais assez combien est stimulant un travail de recherche pour un futur enseignant. Il permet de sortir de la routine normalisée des cours, il stimule l'esprit d'initiative, il encourage à s'évader des maquis du conformisme. Sans cela, pas d'enseignants ouverts d'esprit et créatifs.

Le simplisme terroriste dominant répand un discours populiste lénifiant expliquant à l'envi qu'il faut simplifier, simplifier, et encore simplifier : l'émiettement du savoir et l'alphabétisation -comme la mer de Valéry- toujours recommencée, étaient au cœur idéologique de la réforme Bayrou des D.E.U.G., reprise démagogiquement par Allègre, et chérie par les gardes roses de l'U.N.E.F. - I.D.

Le travail de Valentine Gauchotte est là pour témoigner que, en cette fin de XXe siècle, un mémoire de maîtrise peut encore être autre chose qu'une dissertation compilatoire de bons -ou moins bons- auteurs. Bien rédigé de surcroît. S'il requiert de la clarté chez les enseignants -et non pas la simplicité des simplistes-, le savoir ne tolère pas la simplification. Il est rugueux. Il ne se laisse pas posséder, comme le disait Nietzsche pour les idées, par les hommes au sang de grenouille.

Or aujourd'hui, on a décidé en haut lieu que, tôt ou tard, à grands coups d'enseignements dits professionnalisés et par une réforme obscurantiste du C.A.P.E.S., les professeurs du secondaire étaient inexorablement voués à se muer en mauvais instituteurs polyvalents, routiniers et conformistes, dans le bain émollient de l'idéologie psychopéda officielle. Et, parallèlement, la première initiation à la recherche est reportée de la maîtrise au stade du D.E.A., c'est à dire à une étape à laquelle n'accède pratiquement aucun professeur certifié. Le professeur est accaparé par le travail prenant de son enseignement dans des collèges délabrés sur le fond de putréfaction du service public. Et cela dans l'harmonie des péans libéraux -des thrènes plutôt- célébrant, de Strauss-Kahn à Madelin, l'incontournable marché, et cette «mondialisation» que, naguère encore, sans les fausses pudeurs de sociaux-démocrates vergogneux, on appelait crûment le capitalisme mondial. Ce capitalisme qui traîne avec lui le cortège morbide des déréglementations, de la pensée unique et de l'obscurantisme réunis.

Lire l'authentique travail de recherche d'une toute jeune étudiante est toniquement salutaire au regard de toutes les fadaises réactionnaires ambiantes.

Bien que n'étant pas particulièrement reliée au milieu catholique lorrain, mais n'étant en aucune façon neutre quant à la guerre coloniale et aux engagements qu'elle put susciter, Valentine Gauchotte va sans détours à l'essentiel, avec finesse, avec fermeté, avec des analyses problématisées qui n'excluent pas, aussi, le sens de la formule et le souci de l'histoire concrète.

Certes, elle n'osa guère, sauf exception, se lancer dans l'histoire orale systématique -je lui en ai fait la remarque. La plupart des réponses à son enquête furent écrites, ce qui n'a rien d'étonnant pour les nombreux prêtres sollicités : on sait que les groupes à forte mémoire institutionnelle sont réticents à s'exprimer à l'oral. Remarquable, aussi, le fait que les témoins les plus coopératifs furent ceux qui étaient opposés à la guerre coloniale : la mémoire s'enfouit proportionnellement à la vergogne et au politiquement incorrect ressentis.

Ressort de l'enquête de Valentine Gauchotte le fait que les prêtres font corps avec leur institution -l'Eglise catholique-, dans un milieu ecclésiastique encore très fermé, qui n'est pas exempt, au grand séminaire par exemple, de «militantisme larvé» pro-militaire et pro-colonial, quand ce n'est pas, comme chez Monseigneur Pirolley, d'esprit de croisade. A l'opposé, on lira avec passion les récits de l'engagement du Père d'Arbonneau et du scout Jean Muller. En moyenne, la guerre suscite le doute et les interrogations ; elle peut offrir aux appelés une vie et des mœurs plus libres. Elle peut susciter de nouveaux engagements : l'évolution de la C.F.T.C., le rôle des jocistes chez les appelés, et, dans la société nancéienne, des militants de l'U.N.E.F., voire, plus exceptionnellement, l'engagement en portage de valises, laissent apparaître l'évolution de chrétiens progressistes qui deviennent des catholiques de gauche.

Ainsi que l'indiquent par exemple les interviews de François Borella, de Jean-Marc Gebler, de Bernadette Remy, de Jean Riedinger, de Gérard Rouffeteau, le milieu des intellectuels et des professeurs est une pépinière de la nouvelle gauche qui, souvent via le P.S.U. et les assises du socialisme, débouche sur la sensibilité rocardienne, à la fois si minoritaire et si centrale au P.S.

Pour résumer, on dira, avec Valentine Gauchotte, que la guerre d'Algérie fut, sans doute, «le catalyseur de toutes les aspirations à voir évoluer l'Eglise vers une nécessaire ouverture à son temps» et qu'elle contribua à «renforcer l'écart entre la foi et la religion». Certes, elle put aussi donner l'occasion de rencontrer les sociétés pauvres du Sud de la Méditerranée. Mais, sur place, à Nancy, la sensibilité tiers-mondiste, bien réelle, fut finalement dominée par les affrontements -parfois très vifs- d'un conflit franco-français. La mutation de la société française se fit sur fond de confrontation de soi-même avec soi-même.

En définitive, après huit ans de guerre coloniale, et près de quarante ans après, l'Algérie reste assez peu connue des Français. Pour ces derniers, les Algériens «catalysent» les transformations de la France plus qu'ils n'y sont intégrés. Et aujourd'hui, l'intégration, par ailleurs tant souhaitable, des humains d'origine algérienne, rencontre l'obstacle cruel de la dégradation sociale et de l'incertitude des systèmes de valeurs.

Gilbert MEYNIER, Professeur d'Histoire à l'Université Nancy 2.

" *Et pourtant les catholiques français les plus assurés dans leur foi, et parfois dans la mesure où ils veulent davantage agir et témoigner en catholiques, feront les choix politiques les plus différents et qui consciemment ou inconsciemment, relèvent d'éthiques politiques opposées jusqu'à la contradiction, comme il apparaît lorsque la situation est dramatique. Qu'on songe par exemple au partage de la conscience catholique pendant l'occupation allemande et au long de la guerre d'Algérie.* "

(Etienne Borne, " Le Catholicisme ", dans René Rémond (dir.), *Forces religieuses et attitudes politiques dans la France contemporaine*, Armand Colin, Paris, 1965).

INTRODUCTION

Lorsqu'éclate la guerre d'Algérie, l'Eglise catholique française est un édifice encore solide, mais elle est déjà touchée par une certaine désaffection, déjà secouée par les divisions issues de la seconde guerre mondiale et de l'affaire des prêtres ouvriers.

Pourtant, l'Eglise préconciliaire garde une influence importante sur les Français, et continue à former une partie de la jeunesse à travers les écoles libres qu'elle défend âprement, mais aussi à travers l'Action catholique spécialisée et le scoutisme.

L'opposition des catholiques à la guerre d'Algérie et les clivages qu'elle a renforcés sont bien connus au niveau des figures nationales de l'Eglise française : Assemblée des Cardinaux et Archevêques, intellectuels catholiques. Mais l'analyse de l'Eglise dans un cadre local ou régional a été peu tentée. Le présent mémoire se propose de dresser un bref panorama des attitudes des catholiques, en Lorraine, face à la guerre d'Algérie.

Le terme de " catholiques " ne désigne ici que ceux qui ont une place active au sein de l'Eglise, comme membre de son clergé ou de ses institutions ; ou les laïcs qui militent en tant que chrétiens dans diverses organisations. Les simples fidèles n'apparaissent que rarement, au détour d'une église.

Quant au cadre géographique, il est en réalité bien plus restreint que le terme extensif de " Lorraine ". L'objectif est en effet fixé avant tout sur Nancy, avec de brèves incursions à Metz et dans les secteurs sidérurgiques du Pays Haut et de la vallée de la Fensch. Pour des raisons pratiques, le milieu rural est laissé de côté, malgré son importance. L'avantage d'un tel cadrage sur la ville de Nancy est qu'il permet de dresser un tableau assez cohérent des différentes forces qui se dégagent.

Une enquête a été réalisée pour récolter ce qui fait la principale source historique de ce mémoire : des témoignages oraux et écrits. Elle s'est articulée en trois temps. Tout d'abord, le questionnaire qui suit a été envoyé à plus de trois cents exemplaires, à des prêtres surtout, et à des laïcs exerçant des responsabilités dans les mouvements de l'Eglise :

-Comment définiriez-vous le milieu social dont vous êtes issu ?

-Quelles étaient vos activités au sein de l'Eglise dans les années 1956-1962 ?

-La guerre d'Algérie vous a-t-elle marqué ? Pourquoi ?

-Si vous avez été sensible à cette guerre, comment cela se répercutait-il dans votre activité ?

-Que pensiez-vous de la politique de la France à l'égard de l'Algérie ?

-Aviez-vous une opinion personnelle sur la solution à apporter au conflit? Si

oui, quelle était-elle ? A-t-elle varié au cours de ces huit années ? Vous sentiez-vous isolé dans votre opinion ou aviez-vous l'impression que ceux qui vous entouraient la partageaient ?

-Quels journaux et magazines lisiez-vous ? Avez-vous lu des livres sur le sujet ?

-Participiez-vous à des débats sur la guerre d'Algérie ? Aviez-vous des sympathies pour certaines voix qui se sont élevées plutôt que pour d'autres ?

D'anciens appelés qui ont vécu leur service en Algérie de manière très intense m'ont reproché le caractère " chirurgical " des questions, qui visaient en fait surtout à avoir une première approche. Pourtant les réponses ont été très intéressantes, souvent très personnelles. D'ailleurs, une lettre invitait à ne prendre le questionnaire que comme un point de départ pour rédiger éventuellement plus librement.

Environ une soixantaine des destinataires ont répondu, soit en suivant le questionnaire, soit par lettre. Les lettres, tantôt très brèves, tantôt comptant plusieurs pages dactylographiées, ont constitué dans certains cas, en particulier pour les prêtres anciens appelés du contingent en Algérie, des témoignages très fins et assez complets.

L'étape suivante a consisté en un deuxième envoi de questionnaires, destinés aux personnes dont les noms m'avaient été indiqués par les premières réponses.

Petit à petit, la toile s'est tissée, et j'ai commencé l'enquête orale, en joignant des personnes aussi différentes que possible. Le résultat obtenu est une trentaine de témoignages oraux émanant de prêtres âgés de soixante à quatre-vingt-sept ans, d'anciens appelés, scouts, militants jocistes, jécistes, socialistes chrétiens, de sympathisants d'Action française, d'un colonel. L'un des constats les plus évidents a été que les milieux " Algérie française " ont très peu répondu à l'appel, et pas du tout au questionnaire. A l'inverse, les catholiques engagés dans la lutte contre la guerre d'Algérie ont été très coopératifs, et m'ont souvent permis de rencontrer leurs amis qui avaient défendu les mêmes causes.

En dépit de ce déséquilibre, ma démarche s'est efforcée d'appréhender le milieu catholique nancéien dans sa diversité, sans perdre de vue l'importance des effectifs concernés par chaque type de réaction.

C'est ainsi que se dégagent divers clivages. D'abord, tandis que la majorité des catholiques reste en dehors de toute polémique politique, deux minorités s'engagent de part et d'autre de l'échiquier politique. Un second axe se situe sur le plan moral, et sépare ceux qui ont, en tant que catholiques, voulu la paix, de ceux pour qui la défense de l' " Algérie française " a primé sur toute considération de ce type. Enfin, une troisième opposition existe entre ceux qui ont découvert les réalités de la guerre d'Algérie et du pays au cours de leur service militaire, et les autres, qui ont eu une opinion ou une militance souvent sans connaître l'Algérie, pour qui les enjeux sont restés de l'ordre des idées et des principes. La composition du mémoire découle de ces constatations.

CHAPITRE 1

UNE MAJORITÉ ENTRE APOLITISME ET PACIFISME ÉVANGÉLIQUE

L'Eglise, en tant qu'ordre hiérarchisé, se méfie de la politique et cherche à s'en détacher jusqu'au moment où elle ne peut plus y échapper. La doctrine de l'Eglise ne peut cependant ignorer la guerre, qui est considérée comme mauvaise par nature -puisque contraire au pacifisme professé par l'Evangile-, mais comme un mal parfois nécessaire.

I. LA HIÉRARCHIE

L'importance et l'influence du discours épiscopal sur la guerre d'Algérie doivent être relativisées. Une première limite est celle du pouvoir de l'évêque, que Serge Bonnet commente ainsi[1] :

 " Il faut être naïf comme un anticlérical du dehors pour croire que l'évêque est un monarque absolu (...) L'évêque obéit dans la mesure où il avalise. "

En outre, l'ignorance des évêques à propos de la guerre d'Algérie n'en fait certes pas des autorités en la matière[2]. Ils sont pourtant une référence. Tout d'abord, la *Semaine religieuse* est au moins lue par les prêtres, auxquels elle donne le ton de la liturgie. En outre, les catholiques, prêtres ou laïcs, qui ne pensent pas comme l'évêque, ont parfois eu l'occasion ou la volonté de s'en ouvrir à leur évêque.

Deux évêques se succèdent, Mgr Lallier, puis Mgr Pirolley à partir de 1957, et chacun a sa propre manière d'appréhender la guerre d'Algérie.

A. Les débuts de la guerre d'Algérie : Monseigneur Lallier, un catholicisme serein.

Monseigneur Lallier est un homme qui dégage un grand charisme[3]. On le dit carriériste – il est devenu par la suite archevêque de Marseille. Il consacre par ailleurs du temps au scoutisme, dont il est l'évêque protecteur. Sa position à l'égard de la guerre d'Algérie semble être à la fois prudente et paisible. Il faut dire que ce n'est que le début du conflit, et l'opinion publique n'est mobilisée que dans ses franges déjà prévenues contre le colonialisme. Il est donc encore possible d'éviter les polémiques en ne se référant qu'au plus petit dénominateur commun des valeurs évangéliques les plus évidentes, pour ne laisser aucun catholique en dehors de ce consensus. Les thèmes en sont la paix et la condamnation du racisme. Les divisions entre les catholiques commencent cependant à être assez vives pour percer à travers ce catholicisme tranquille.

1. Une affirmation prudente de l'égalité des hommes.

Dans " la partie non officielle " de *La Semaine religieuse* du 14 août 1955, un texte non signé reprend le thème de notes doctrinales émanant du Comité théologique de Lyon[4], mais en excluant toute la partie politique, et en ne gardant que ce qui concerne les rapports entre les Nord-Africains et les chrétiens, en France. Cette reprise et cet élagage dénotent à la fois une certaine volonté de ne pas se dérober aux problèmes de l'actualité, et de circonscrire la réflexion aux modestes limites du pratique et du quotidien. L'orientation ne peut que faire l'unanimité. Elle rappelle que tout homme est également digne devant Dieu, condamnant ainsi le racisme et l'intolérance :

" *En deux mots, la doctrine de l'Eglise peut se résumer ainsi :*

1° Tous les hommes sont égaux devant Dieu et aucune race ne peut se prétendre, par nature, supérieure à une autre;

2° Le développement culturel d'une race ne doit pas se faire par l'introduction d'une culture étrangère, mais par un épanouissement intérieur de ses valeurs propres. "

De ces mots, repris des *Notes* de Lyon, le texte tire des conséquences dans les strictes limites des attitudes pratiques à tenir pour les catholiques du diocèse :

" *Ces problèmes pourraient ne pas nous intéresser, car l'Afrique nous paraît bien lointaine. Pourtant, avec l'importante colonie algérienne qui s'est implantée dans notre diocèse, elle est à notre porte...* "

Les problèmes de l'Algérie n'intéressent pas en tant que tels. On pourrait arguer qu'ils n'ont rien à faire dans une telle publication, mais ce serait oublier son origine : les *Notes doctrinales* parues dans la *Semaine religieuse de Lyon*. Ces dernières mêlaient " le problème des Nord-Africains en France " et les problèmes de " l'Afrique du Nord "; le " problème politique " était d'ailleurs appliqué explicitement au " problème spécial de l'Algérie ". On peut donc interpréter l'absence de ce dernier point comme une élimination volontaire due sans doute à la volonté de ne pas se mêler de problèmes plus politiques, qui en l'occurrence pourraient être un facteur de discorde. Peut-être est-ce aussi un signe de désaccord de Mgr Lallier[5] avec la justification par la doctrine catholique du droit à l'indépendance. Il reste que la solution qui est préconisée à l'égard des Nord-Africains travaillant en métropole est la même que dans le texte lyonnais: la justice sociale plutôt qu'une charité superficielle et humiliante, et la compréhension de " ce que peut être, pour des Algériens, l'existence dans un pays inconnu où de multiples barrières se dressent entre eux et la population ".

A l'époque de l'épiscopat de Monseigneur Lallier, la *Semaine religieuse* professe un catholicisme qui se veut généreux, humaniste, considérant dans les Nord-Africains l'Homme qu'ils sont avant toute chose, au nom de l'égalité biblique. Si la critique est limitée au domaine social, c'est au nom d'un catholicisme social qui se veut apolitique.

Dans le même registre, la déclaration de l'ACA (Assemblée des cardinaux et archevêques de France) du 14 octobre 1955 est reproduite sans commentaire[6]. André Nozière[7], relève les écarts existant tout au long de la guerre entre les positions de l'Assemblée des Archevêques et Cardinaux de France, et celles des lettres des évêques d'Algérie, dont l'ACA s'inspire en les atténuant, et avec retard. Ces écarts ne sont pas sans rappeler celui qui sépare l'attitude du Comité théologique de Lyon et celle, plus frileuse, de la *Semaine religieuse* de Nancy. L'ACA " déplore " simplement les injustices sociales dont sont victimes les Nord-Africains " sur un ton moralisateur, sinon paternaliste ", alors que les évêques d'Algérie " dénoncent " l'affreuse misère " et les " luxes choquants ". L'ACA a une position modérée tout comme Monseigneur Lallier, qui la rejoignit d'ailleurs bientôt. Pour André Nozière, cette position moyenne est issue d'une tension de plus en plus difficile à gérer entre " les devoirs envers la patrie et la défense des valeurs morales ".

2. *L'irruption de la guerre d'Algérie dans le discours de monseigneur Lallier.*

Avec le rappel des disponibles, la guerre d'Algérie ne peut plus être éludée. Elle n'est plus alors un simple problème politique, théorique et lointain, mais elle touche les catholiques, comme le reste des Français de métropole, dans leur chair. En 1956, la *Semaine religieuse* est le témoin de la double préoccupation de l'évêque, pour la paix d'une part, et d'autre part pour le maintien de l'unité des catholiques de son diocèse. On sent en effet poindre jusque dans le discours officiel les échos des engagements de certains catholiques à l'encontre de la guerre d'Algérie.

Monseigneur Lallier écrit une prière pour la paix[8], qui doit être " récitée chaque dimanche, à l'office paroissial du soir ". Lorsqu'on sait à quel point le sujet était sensible à l'époque dans l'enceinte des églises, on ne s'étonnera pas du caractère éthéré de cette prière. En outre, chaque phrase s'appuie sur une citation de la bible ou d'autorités ecclésiastiques, que ce soit Pie XII ou Mgr Duval, évêque d'Alger. C'est un message implorant Dieu de " ramener la paix dans les esprits et dans les coeurs ", préalable à la paix terrestre, qui ne peut se contenter d'être matérielle.

L'Eglise se veut donc un corps soudé par la foi, au-delà des divergences toutes temporelles. C'est pourquoi Mgr Lallier tente de conjurer tout ferment de discorde en condamnant, dans un communiqué de mai 1956, les prises de positions politiques de certains catholiques :

" *Certains dirigeants du M.L.P. (Mouvement de la Libération du Peuple) sont à Nancy des catholiques convaincus et généreux.*

Pour dissiper toute équivoque, Monseigneur l'Evêque croit devoir préciser que ceux-ci, malgré les avertissements qu'ils ont reçus, ont pris depuis quelques mois, dans diverses circonstances, des positions incompatibles avec l'enseignement de l'Eglise.[9] "

Il est presque certain que les prises de positions qui sont visées concernent en partie l'Algérie[10]. Ce texte suit en effet de près une réunion où était invité Robert Barrat[11], et qui a dégénéré en échauffourée[12]. Il est frappant de voir que la désapprobation ne vise que les chrétiens du MLP. Les catholiques Algérie française qui étaient en face et qui se sont pourtant illustrés pour leur agressivité à la sortie de cette réunion, font par défaut figure de chrétiens respectueux, puisqu'aucun reproche ne leur est adressé.

L'attitude de Mgr Lallier se caractérise donc par sa conformité avec celle de l'ACA. Elle se veut respectueuse à la fois de la parole de l'Evangile, qui professe pacifisme et amour du prochain, et d'un certain catholicisme traditionnel qui, sans être pour autant traditionaliste, ne veut pas bousculer l'ordre établi. Instinctivement, s'il faut prendre position, ce sera plutôt en défaveur des chrétiens de gauche, mais sans virulence. La guerre d'Algérie commençante n'a certainement pas particulièrement touché Mgr Lallier du temps de son épiscopat à Nancy, et des catholiques opposés à la guerre, qui sont allés le voir pour en discuter, ont été surtout surpris par son ignorance sur le sujet.

B. " Intransigeance et charité ": Monseigneur PIROLLEY.

En 1957, c'est une personnalité très différente qui succède à Monseigneur Lallier. Monseigneur Pirolley est plus accessible, c'est un " saint homme " qui vit sa foi de manière intense[13]. Pourtant ses jugements n'ont rien de modéré. Il est un peu délicat de reconstituer sa vision de la guerre d'Algérie d'après la *Semaine religieuse*, car son discours lyrique n'a de cohérence qu'au niveau de quelques idées-forces, quasi obsessionnelles, comme l'unité de l'Eglise, l'anticommunisme et la toute puissance de Dieu.

1. La défense de la France catholique contre les fléaux du marxisme et du mahométisme.

Dès février 1957, la tonalité de la *Semaine religieuse* semble changer. Un article repris de la *Semaine religieuse de Toulouse* donne, dans la partie non officielle, " un résumé concis et objectif des notions qu'il faut posséder, concernant le monde musulman ". Il ne s'agit plus de variations sur le thème de l'égalité entre tous les hommes...

" L'Islam se présente comme la religion supérieure. " C'est une religion très simple, répond l'historien Seignobos, à la mesure de l'intelligence des Orientaux". A la mesure de leur moralité. Le musulman estime que la morale du christianisme est trop élevée pour être pratiquée. "

Le sentiment de supériorité de l'homme occidental, qui était condamné dans l'article du 14 août 1955[14], sous-tend ici une image caricaturale de l'Islam comme religion primitive et sans grandeur. D'ailleurs, elle ne serait qu'une (mauvaise) compilation de la Bible, que Mahomet " mêle aux traditions de son pays et à ses rêves personnels ". Le caractère du prophète, " qui s'aigrit " lorsqu'il dut quitter la Mecque, explique le passage d'un islam pacifique, marqué par la résignation, à une religion " terrible, sanguinaire, impitoyable ". Mahomet " s'écrie : " Tuez les infidèles partout où vous les trouverez, mettez-vous en embuscade contre eux! ". La guerre d'Algérie est donc présentée comme une guerre de religions, dans laquelle le catholicisme est menacé :

"" Que l'Eglise puisse travailler en Afrique du Nord", c'est l'intention missionnaire choisie par le Saint-Père pour ce mois de février. 38 millions de

musulmans, 4 millions de chrétiens, dont seulement 1 million 850.000 catholiques cohabitent sur cette terre jadis illustre par ses saints, ses nombreux évêques, ses basiliques. Or, cette paix est fragile... "

C'est un lieu commun d'une certaine partie du catholicisme que de présenter l'islam comme une religion barbare. Cela donne une certaine légitimité à la guerre d'Algérie, considérée comme une croisade. Cette position coexiste avec le pacifisme évangélique professé par ailleurs, sans crainte de la contradiction.

La nomination officielle de Mgr Pirolley datant du 8 mars 1957, c'est à dire deux semaines après cet article seulement, peut n'avoir rien à voir avec le changement de ton. Cependant, deux faits laissent supposer le contraire. D'abord, Mgr Lallier est parti en 1956 déjà. Ensuite, une prédication, rédigée par Mgr Pirolley en janvier 1958, reprend ce même thème de la menace que constitue la religion musulmane, " le mahométisme ", pour le catholicisme, en Afrique noire cette fois :

" *L'encerclement des consciences par le marxisme, soit (peut-être est-ce pis encore) par le mahométisme est bien plus inquiétant que les menaces nucléaires. Tous ceux qui sont touchés par cette propagande infernale sont perdus pour l'Eglise.* "

Le marxisme athée est un autre mal qui préoccupe Mgr Pirolley. La guerre d'Algérie, en divisant les catholiques, fait courir le risque d'une propagation du marxisme dans le catholicisme même.

D'ailleurs, Mgr Pirolley n'est pas seulement critique à l'égard de la " mystique de gauche "[15]. Il fustige " les interminables palabres des partis " dans leur ensemble[16] au moment de la crise gouvernementale issue du 13 mai 1958. Son commentaire à cette occasion est d'ailleurs explicite sur son sentiment à l'égard de la politique :

" *La vie plus chère et les pommes de terre plus rares le plus grave: car passe encore de manquer de gouvernement mais manquer de "patates" !* "

Ce mépris de la politique est le corollaire d'une peur de la division[17], qui hante le discours de Mgr Pirolley :

" *Tout royaume divisé contre lui-même périra* ", disait le Maître...[18]

L'obsession de l'unité s'accompagne d'un souvenir récent de division[19] :

" *Sommes-nous seulement sortis des tragiques déchirements de 1940 à 1945 ?* "

Si c'est ce mauvais souvenir qui est en partie responsable d'une attitude que Mgr Pirolley qualifie lui-même d'intransigeante, d'une certaine raideur face aux événements qui secouent l'Algérie et la France, il peut être utile de s'intéresser au rapport entre les attitudes pendant la deuxième guerre mondiale et celles relevées pendant la guerre d'Algérie. Ce serait aussi une approche intéressante des différentes générations de catholiques face à la guerre d'Algérie.

Mgr Pirolley défend donc avant tout les valeurs de l'unité, unité de l'Eglise, mais c'est aussi au nom du patriotisme, car l'Eglise est au service de la France:

" *Nous sommes citoyens de la France!* "

2. Paix, amour et charité :

Il est délicat d'avoir à juger un discours qui se veut avant tout religieux sous l'angle politique. C'est pourtant nécessaire dans la mesure où, avec la guerre d'Algérie, la politique force la porte de l'Eglise. Il ne faut cependant pas perdre de vue le point de vue théologique.

La guerre d'Algérie est analysée à un autre niveau que celui des hommes et de l'actualité politique, qui semble se réduire à un tissu de " démêlés ". C'est ce dont témoigne " le mot de Monseigneur " intitulé " Priez, mais priez donc!... " :

" *Et que sortira-t-il de tous ces démêlés des hommes?*

Ce peuple pourtant est tout entier à la glorification de son Dieu! (...) Le sort du pays est en jeu (...). Qui nous sortira des impasses où nous ont enfermés les étroitesses de nos orgueils, sinon la souveraine miséricorde? (...) Justice, amour, les deux seules sources de la Paix. "

C'est l'image d'un Dieu imposant, écrasant mais miséricordieux, qui ressort. C'est à lui qu'il faut s'en remettre pour le règlement des misérables conflits humains. Le catholicisme de l'évêque semble très conservateur.

Mgr Pirolley définit lui-même son catholicisme comme réunissant " intransigeance et charité ". Pour satisfaire à la charité, il recommande les " Nords-Africains en Meurthe-et-Moselle " à la bienveillance des catholiques :

" *Ils subissent le contrecoup des déchirements dont souffre leur pays. Et je veux simplement demander aux chrétiens de trouver là une raison de pratiquer une plus grande, une plus vraie charité chrétienne.* "

La charité n'est pas mise en question, alors que le texte du 14 août 1955 précisait du moins que la charité ne consistait pas en quelques colis qui pouvaient se révéler humiliants, faisant alors un pâle écho aux *Notes théologiques de Lyon*.

Par ailleurs, l'appel à la prière pour la Paix n'est pas un simple appel à un consensus conservateur. Il a au contraire une véritable teneur spirituelle. Il s'agit de dépasser les disputes, les conflits terrestres, par la communion dans l'ordre supérieur de la foi en Dieu[20], qui réunit tous les chrétiens, et doit leur permettre d'accéder à une plus grande sagesse par la spiritualité. L'action pour la paix passe donc par la prière:

" *Et les chrétiens par la prière, la pénitence et la fidélité totale, peuvent influer avec une telle puissance sur les destins du monde, s'ils le veulent...* "

Ce n'est pas l'indifférence ni la passivité totale qui sont prônées, mais la prière, la pénitence, c'est-à-dire l'action sur le mode purement religieux. Cette façon de voir n'est pas le propre du seul évêque de Nancy. Elle correspond aux prescriptions du pape et de la hiérarchie française[21], et le mouvement Pax Christi organise des actions de prières pour la Paix[22]. Néanmoins, pas plus que la charité, la paix ne semble devoir être explicitée. N'importe quelle paix est-elle bonne? La paix comme valeur absolue a le mérite de mettre tout le monde d'accord, et de ne pas susciter de débat.

Il est en revanche une question qui a fait couler de l'encre chez les catholiques : c'est celle de la torture. La torture est dénoncée avant tout par des chrétiens qui relèvent son incompatibilité avec l'enseignement de la Bible. C'est en mars 1957 que l'affaire prend le plus d'ampleur. L'ACA y répond par la déclaration du mois de mars :

" Dans la crise actuelle, tous et chacun doivent se rappeler qu'il n'est jamais permis de mettre au service d'une cause même bonne, des moyens intrinsèquement mauvais.[23] *"*

C'est en août de la même année que la *Semaine religieuse* du diocèse fait appel à la réflexion d'un théologien, le R.P.d'Ouince. Les propos sont clairs, sans ambages : la torture est répréhensible, et il faut éviter de la pratiquer, si on le peut. Il n'est ensuite plus jamais question de la torture dans la *Semaine religieuse de Nancy et de Toul*, hormis à travers la déclaration de l'ACA du 14 octobre 1960. Sur cette question, l'autorité du diocèse n'a fait que suivre l'autorité supérieure de l'ACA, puis utiliser les services d'un théologien. Le contraste avec des positions très conservatrices sur le plan politique peut surprendre. Mais le rejet de la torture est une question morale. D'ailleurs, Mgr Pirolley n'écrit lui-même pas un mot sur le sujet, ceux qui la pratiquent ne sont pas condamnés. Il reste prudemment à l'écart de tout ce qui pourrait diviser la communauté de chrétiens dont il a la charge.

3. La dénonciation des attentats de l'OAS.

Le 4 février 1962, le " Mot de Monseigneur " condamne sans appel les attentats de l'OAS:

" Les bilans quotidiens d'attentats nous apprennent que la vie humaine ne compte guère pour certains, quand il s'agit de gens qui ne sont pas de " leur communauté ", ou qui n'ont pas sur les problèmes du jour les mêmes jugements et les mêmes points de vue; ou simplement qui ont la malchance de se trouver là quand explosent " leurs " bombes...Rien ne saurait être plus stupide ni plus affreux. "

L'OAS est explicitement visée, même si elle n'est pas nommée, peut-être pour ménager les plus conservateurs de ses fidèles, qui ont pu avoir des sympathies pour cette organisation clandestine. Cette condamnation ne vient pas nue. Elle s'accompagne de brèves réflexions sur l'amour de la patrie et sur la responsabilité des actes de chacun.

" Il est dans l'ordre de la charité " d'aimer sa patrie et d'aimer les patries des autres.(...) Le juste amour qu'on porte à son pays ne doit pas dégénérer en une sorte d'égoïsme, exclusif de la reconnaissance et de la compréhension des légitimes droits d'autres pays."

L'amour de la patrie ne s'accompagnait pas auparavant de la reconnaissance de la légitimité des autres patries. On sent que la situation a bien changé : l'indépendance de l'Algérie se montre à tous comme inéluctable. L'évêque sait s'adapter à cette nouvelle donne[24]. Quant à la responsabilité de leurs actes, les coupables ne sauraient y échapper:

" Et ils sont bien naïfs, ceux qui, soufflant le désordre sous prétexte de rétablir l'ordre, s'imaginent que leur exemple ne se retournera pas contre eux. "Nos actes nous suivent"".

Ce sont bien les deux volets de l'intransigeance et de la charité que l'on retrouve, mais appliqués cette fois à une situation bien concrète.

Au mois de juin, le nom même de l'OAS est cité, ce qui donne l'impression de la brusque disparition de la langue de bois jusqu'ici utilisée dans la volonté de rester sur un plan purement spirituel. La formule est inscrite dans un contexte de préparation du retour des pieds-noirs, qu'il faut accueillir :

" Si nous avons protesté contre les inadmissibles violences de l'OAS, nous n'avons pas pour autant méconnu le drame des Français d'Algérie. "

La volonté de prendre position sur les drames qui agitent la France est alors manifeste. C'est sans doute la peur du discrédit, et l'impression que l'Eglise se trouve dans une de ces situations face auxquelles elle ne peut plus garder le silence qui poussent enfin Mgr Pirolley à donner un véritable opinion " chrétienne " à son clergé.

Au total, Mgr Pirolley affiche un point de vue extrêmement conservateur, mais il sait ne pas garder le silence en 1962, évitant ainsi de cautionner les actes de violence commis par l'OAS, incompatibles avec le christianisme. C'est pour lui l'occasion de reconnaître pour la première fois *les légitimes droits des autres pays*, de l'Algérie donc. Le conservatisme est associé à un grand sens de la charité chrétienne et de la responsabilité, ainsi qu'au devoir de suivre l'autorité de la déjà timorée ACA, en ce qui concerne la guerre d'Algérie.

II. PRÊTRES ET RELIGIEUSES : IGNORANCE THÉORIQUE ET SENSIBILITÉ FACE AUX SITUATIONS CONCRÈTES.

Prêtres et religieux ont eu des attitudes très diverses envers la guerre d'Algérie, malgré la puissance de l'apolitisme qui les a parfois conduits à un retrait plus ou moins prononcé vis-à-vis de l'actualité. Les opinions des prêtres reflètent celles de la population française dans son ensemble, avec une majorité qui évolue vers la solution de l'autodétermination en suivant la politique du Général de Gaulle après 1958, avec une minorité favorable à l'indépendance algérienne dès le début, au nom du droit des peuples à disposer d'eux-mêmes, et avec enfin une autre minorité, plus infime, partisane intransigeante de l'Algérie française.

A. Les prêtres.

On peut distinguer plusieurs générations au sein de la famille sacerdotale. Parmi les prêtres, 44% ont plus de cinquante ans en 1964[25]. Dans les entretiens et enquêtes écrites que j'ai pu rassembler, cette génération, qui constituait presque la moitié des effectifs, n'est qu'à peine représentée. D'après l'échantillon collecté[26], on distingue néanmoins deux générations. L'une rassemble les prêtres ordonnés avant le début de la guerre d'Algérie, la deuxième regroupe les prêtres qui ont été ordonnés au début de la guerre d'Algérie. Le premier groupe est beaucoup plus nombreux et hétérogène que le deuxième, qui s'en sépare assez nettement et est plus proche des séminaristes partis comme appelés en Algérie.

1. Les prêtres ordonnés avant la guerre d'Algérie.

Plusieurs traits caractérisent les générations regroupées ici. L'un de ces traits, important à des degrés divers, est qu'il s'agit d'hommes qui ont connu la deuxième guerre mondiale et pour qui la " guerre " de référence reste cette dernière. Une lettre témoigne très bien de cette situation de la guerre d'Algérie pour certains de ces hommes :

" J'ai été touché par votre demande. Je regrette beaucoup de ne pas pouvoir y répondre. Je n'ai pas été en contact avec la guerre d'Algérie. J'ai fait la guerre 39-40; j'ai été prisonnier; je n'ai donc pas été mobilisé pour la guerre d'Algérie. " [27]

Plus largement, il est difficile d'évaluer ce qui, dans les attitudes face à la guerre d'Algérie, est à attribuer à l'expérience de la deuxième guerre mondiale. Les cadres de pensée semblent déjà établis quand commence la guerre d'Algérie, entre des catholiques de gauche qui se sont déjà manifestés lors de l'affaire des prêtres ouvriers en 1954[28], et un catholicisme conservateur dominant.

La guerre d'Algérie paraît en général lointaine. A la question : " La guerre d'Algérie vous a-t-elle marqué? ", beaucoup répondent par la négative, évoquant un milieu trop fermé pour laisser réellement passer les préoccupations du dehors, ou des activités trop prenantes. Les professeurs par exemple, ont tendance à se replier sur leurs élèves :

" Nos centres d'intérêt étaient les élèves et leur formation. " [29]

Un autre prêtre décrit le milieu professoral du petit séminaire de Renémont :

" A l'époque, j'étais professeur au petit séminaire de Renémont. Un milieu très conservateur, bien pensant.(...) Nous étions très loin de cette guerre. " [30]

Bien sûr, cette fermeture est relative, dépend des milieux et des personnes : un professeur à Saint-Sigisbert, qui s'informait beaucoup et apprenait l'arabe pour ses loisirs, trouve que " la communauté de prêtres de Sigis était ouverte "[31].

Il est malgré tout possible de discerner des attitudes, des ébauches d'opinions face à la guerre d'Algérie. Ce qui domine, c'est une confiance en de Gaulle, accompagnée ou non de désinformation. Le contexte est celui d'un apolitisme de l'Eglise, rarement remis en cause. La majorité a donc approuvé de Gaulle. Un seul dit avoir été " Algérie française " jusqu'à la fin du conflit et avoir eu des sympathies pour l'OAS. Il s'est trouvé assez rare pour m'inviter à rencontrer en sa personne la " caricature d'un homme de droite "[32]. Il n'est certainement pas le seul prêtre à avoir eu ces opinions, mais il est difficile de s'en rendre compte, à cause des décès : par exemple, les prêtres âgés à l'époque de plus de cinquante ans sont presque tous morts aujourd'hui. D'autre part, il existe une chape de silence couvrant ceux qui ont été les plus réactionnaires à l'occasion de la guerre d'Algérie : ceux-ci hésitent à faire part de leurs engagements à l'époque de la guerre d'Algérie, peut-être parce qu'ils sont finalement dans le camp des vaincus, et qu'ils sentent que maintenant le consensus est fait autour de la décolonisation. [33]

Il est remarquable de constater que, parmi les générations d'avant la guerre d'Algérie, seul un prêtre reconnaît avoir changé d'opinion :

" *Petit à petit, avec beaucoup d'autres, j'ai compris que l'indépendance était la seule solution possible et souhaitable.* "

Pour les autres, ils ont " suivi ", " fait confiance " à de Gaulle ; et bien que le général ne se soit pas prononcé pour l'autodétermination avant le 16 septembre 1959, le processus d'évolution est escamoté :

" *Je n'ai jamais été Algérie française et j'ai toujours approuvé de Gaulle dans son action.* " [34]

Peut-on mettre cela sur le compte de la fidélité au libérateur de la France, très répandue en Lorraine ? Cette confiance peut d'ailleurs aller de pair avec un manque d'information reconnu. Un prêtre, professeur à l'époque, dit avoir fait confiance à de Gaulle, mais n'avoir eu que des informations sommaires. La désinformation a-t-elle touché particulièrement les prêtres ? Plus de la moitié de ceux qui évoquent la question (9/16) se disent mal informés. L'un d'eux montre son scepticisme à l'égard des informations reçues. Il trouve en outre bien difficile d'en démêler l'écheveau en même temps qu'il tient un ministère accaparant :

" *Pour moi, plongé dans le problème du soutien d'une classe ouvrière soumise à un travail exténuant (...) je n'ai pas apporté à la guerre d'Algérie toute l'attention nécessaire pour pouvoir porter un jugement autorisé. Les silences qui l'entouraient, l'ignorance où nous avons été tenus (...) les engagements pris, les signatures données, les propos équivoques tenus par les chefs et responsables, tout comme à Vichy, ont embrouillé les choses.* " [35]

Un autre répond de façon très succincte au questionnaire :

" *Il m'est difficile de répondre à votre questionnaire, pourtant important. Les événements se succèdent : ceux qui les vivent à la base ignorent les intentions, les volontés, les intérêts des dirigeants.* " [36]

Pourtant, la désinformation n'est certainement pas l'apanage des prêtres, qui sont peut-être particulièrement conscients de ces lacunes parce qu'ils ont fait des études. Ils sont souvent lecteurs de journaux. Ce qui semble les caractériser, ce serait plutôt la lecture des journaux catholiques, avec des conceptions diverses de ce que doit être l'implication du chrétien dans la société, et les opinions politiques qu'elles supposent, de *La France catholique* à *Témoignage chrétien*. On peut peut-être relever par contre une certaine méfiance, ou une certaine réticence à aborder les problèmes politiques, qui apparaît comme un monde avec de nombreux " dessous ", complexe et difficile à maîtriser. En témoignent les références à Vichy, qui est le modèle d'une situation embrouillée pour ses contemporains, et qui risque la simplification moralisatrice, avec le recul du temps :

" *Je constate que cette période 40-45 tend actuellement à apparaître assez différente de la réalité, peut-être par suite des passions politiques (...). On était loin de certaines controverses actuelles ou des clichés faciles.* "

Le domaine des prêtres est plutôt celui des drames humains et de l'aide au quotidien. Il est touché " indirectement " par la guerre lorsque son ministère lui permet de rencontrer des appelés, des militaires ou leur famille[37]. Un curé trop occupé jusque là pour prendre parti à propos de la guerre d'Algérie, a eu l'occasion de soutenir la famille Bastien-Thiry. Son témoignage est très éclairant :

" *En 1962 à Lunéville, j'ai soutenu dans leur épreuve la famille Bastien Thiry (le père commandant Bastien Thiry, qui était gaulliste, et sa seconde épouse née Michaux), chrétiens exemplaires, qui ont beaucoup souffert durant ces pénibles événements. Je me souviens du service funèbre qui fut célébré pour le repos de l'âme du colonel fusillé, quelques jours plus tôt dans l'église Saint Jacques, en présence d'une famille éplorée mais courageuse. Cérémonie dépouillée, sans homélie, avec la présence extérieure d'une foule de curieux à laquelle s'étaient mêlés des policiers en civil. (...) Douloureux, très douloureux souvenirs.* " [38]

C'est une véritable sensibilité à la douleur humaine qui s'exprime. A l'inverse, le scandale politique, provoqué par la tentative du fils d'assassiner le chef de l'Etat, est évacué par la mention du père bon gaulliste.

C'est en vertu de cet humanisme chrétien que ces prêtres, indépendamment de toute considération pour ou contre la guerre, déplorent d'une part les violences de toutes sortes, des deux côtés, et d'autre part, le manque de respect envers l'homme musulman. Un prêtre dit avoir ignoré les fondements de la guerre d'Algérie par " manque d'éveil réel ", par priorité pour " l'ordre établi " ; ce qui ne l'empêche pas d'être surpris par le comportement d'un collègue vivant en Algérie :

" *Séjour à Alger (juillet 1954). Frappé par la méconnaissance de l'islam. Un curé d'Alger (19 ans de séjour) ignore le sens de l'Aid-el-Kébir(...): "Jamais je n'ai pensé à leur demander"(sic!).* "

Parmi les prêtres interrogés, un seul évoque la guerre de la croix contre le croissant et pense que l'islam est une religion de barbares.

Un petit groupe de prêtres, eux aussi issus des générations marquées par l'expérience de la seconde guerre mondiale, se détache cependant. Ceux-là ont conscience d'un processus de décolonisation contre lequel il n'est pas possible d'aller. Ils se caractérisent par une lecture commune, celle de *Témoignage chrétien*, hebdomadaire issu de la Résistance, et qui se prononce contre le colonialisme bien avant la guerre d'Algérie. La référence pour eux n'est pas de Gaulle, auquel ils ne font pas mention lorsqu'ils répondent au questionnaire. Seuls trois prêtres dans l'échantillon correspondent à ce profil[39] : deux sont aumôniers d'Action catholique, et le troisième est prêtre ouvrier. Par sa proximité aux milieux ouvriers, Michel d'Arbonneau[40], aumônier de la JOC et de la jeune ACO sur Longwy, dit avoir réagi en symbiose avec les milieux ouvriers militants lors de l'arrivée du Général de Gaulle au pouvoir, c'est-à-dire par une certaine méfiance, exprimée par le vote " non " à tous les référendums de 1958 à 1962. Ces aumôniers d'Action catholique ont pour eux une réflexion déjà avancée sur le phénomène de la décolonisation, dont ils peuvent faire bénéficier les jeunes en quête de clés pour comprendre les enjeux d'une guerre dans laquelle ils sont impliqués par la conscription.

Il convient de s'arrêter sur l'attitude des prêtres ouvriers, qui ont la réputation d'avoir été " porteurs de valises ", comme en témoigne un " courrier des lecteurs " de l'*Est-Républicain*, paru le 3 novembre 1997, qui fustige les " prêtres ouvriers populaires qui portaient les valises du FLN et acheminaient ainsi l'argent pour acheter les armes qui se retournaient contre nos jeunes appelés en Algérie ". Il y eut jusqu'en 1954, date à laquelle le travail fut interdit au-delà de trois heures par jour par le Vatican, trois prêtres ouvriers à Longwy : Robert Pfaff, Michel Bordet et René Margo[41]. L'évêque de Nancy, Monseigneur Lallier, a fini par se plier à la décision du pape et a interdit à ses trois prêtres de continuer le travail en usine. Les années de la guerre d'Algérie sont pour Michel Bordet " pratiquement entièrement consacrées à une résistance passive vis-à-vis de l'évêché de Nancy ". Il change en effet huit fois de poste, " jusqu'à l'expulsion du diocèse en 1961[42] ", pour être " enfin récupéré par l'équipe des prêtres-ouvriers à Paris, clandestinement maintenus à Paris par le cardinal " Feltin. Il est pris aussi par la " préparation du concile de Vatican II, pour la reprise des PO". Et s'il a " toujours pensé qu'il faudrait arriver le plus vite possible à l'indépendance ", parce que " la décolonisation générale était nécessaire et inéluctable ", il a été " tellement occupé et préoccupé " qu'il n'a " suivi que de très loin les événements d'Algérie ". Ce n'est qu'après l'indépendance qu'il a participé à un chantier à Alger dans le cadre du Service Civil International.

Quant à René Margo, il a été aumônier militaire en Algérie. Il semble que pour lui, il s'agissait surtout de trouver une échappatoire à la situation de curé en paroisse, qui ne le satisfaisait pas[43]. Ce n'est qu'une fois sur place qu'il s'interroge :

" *Les raisons qui m'ont amené demeurent, mais sont-elles suffisantes pour m'y faire rester? Que nous le voulions ou non, nous servons de caution morale à une armée qui se fiche de Jésus-Christ et de son message comme de l'an 40. Ils sont catholiques comme Maurras.*" [44]

Michel d'Arbonneau est un proche de ces prêtres ouvriers. Il se destinait lui aussi à être un prêtre au travail, lorsque tombe le coup d'arrêt de 1954. Il n'est donc pas accaparé par les mêmes soucis que ses aînés au moment de la guerre d'Algérie. Aumônier JOC-ACO, il est envoyé comme rappelé en Algérie, choisi par Mgr Lallier qui pense qu'il saura mieux qu'un autre apporter son soutien à des jeunes confrontés à cette guerre d'Algérie. Pour lui, l'engagement contre la décolonisation va de pair avec un engagement dans la classe ouvrière, plus ouverte aux mouvements de libération en général. En Algérie, il est affecté dans le premier bureau, à la gestion du personnel, pour que ses opinions subversives n'aient pas trop d'influence ; il n'hésite pas à dire ce qu'il pense aux supérieurs comme aux autres rappelés. De retour dans le bassin de Longwy, il est sollicité par le curé de Hussigny pour faire le sermon du jour de la paix, fixé par le Mouvement Pax Christi, le 22 décembre 1956. Il en profite pour glisser un mot sur les abus commis par des Français en Algérie. Une dame se lève et crie au scandale : c'est la femme du directeur de la mine de Hussigny, qui s'indigne de l'attitude de l'abbé d'Arbonneau, officier de réserve, envers l'armée. Le rapport du capitaine de gendarmerie signale:

" *Ceux d'entre eux qui sont officiers de réserve compromettent ainsi leur dignité dans la mesure où le défaitisme constitue une ligne de conduite.* "

L'affaire monte en haut lieu, puisque Michel d'Arbonneau est inculpé par le ministre de la Défense nationale, Maurice Bourgès-Maunoury, pour " entreprise de démoralisation de l'armée ". L'intéressé affirme pourtant avoir pris des précautions lorsqu'il abordait le thème de la torture, dont il n'aurait pas même prononcé le mot[45]. Il aurait parlé " d'employer n'importe quel moyen... "[46]. C'est dire comme les susceptibilités sont vives. Michel d'Arbonneau ne se cache pas d'avoir logé des Algériens, mais en leur demandant d'être sans arme : il ne veut pas avoir affaire à des règlements de compte entre Algériens. A ce propos, il éclaire son attitude en disant qu'il n'a pas toujours été d'accord avec la Mission de France, dont il est issu, lorsqu'il s'agissait de s'immiscer dans les affaires des Algériens, qui doivent être seuls à décider de ce qui les concerne. Il n'est donc pas question pour lui d'être " porteur de valises ", bien qu'il reconnaisse la cause des Algériens comme légitime. Pourquoi ce refus de s'engager plus avant, aux côtés des Algériens, pour des idées qu'il trouve justes? Cette réserve de la part de Michel d'Arbonneau est peut-être imputable à son extraction sociale : les d'Arbonneau sont une grande famille conservatrice de Nancy. Toutefois, ce témoignage permet d'une part de supposer une certaine communion d'idées dans le cercle des prêtres ouvriers, la connaissance des implications de la Mission de France, et d'autre part, des nuances dans le camp des prêtres " éclairés ", favorables au " droit des peuples à disposer d'eux-mêmes ", qui n'ont pas tous été d'accord, ou disponibles, pour intervenir aux côtés des Algériens.

2. Les prêtres ordonnés au début de la guerre d'Algérie : une génération de transition.

Ce qui semble caractériser ces prêtres ordonnés entre 1955 et 1957[47], qui n'ont pas fait partie du contingent appelé en Algérie, ce sont les relations avec des camarades partis faire la guerre. C'est ce qui explique que ce conflit les ait marqués sans qu'ils l'aient eux-mêmes enduré :

" *J'y ai perdu un excellent ami tué 14 mois après son temps légal d'incorporation. (...) Mon ami n'est pas la seule connaissance qui ait été victime de cette "opération".* " [48]

Un autre évoque :

" *— Les séminaristes faisant leur service militaire en Algérie et la mort de l'un d'entre eux dans un engagement.*

—Deux périodes militaires en Algérie comme aumônier de réserve envoyé

en renfort pour les fêtes de Noël à la base d'Oran pendant le conflit, à celle de Colomb-Béchar l'année des accords d'Evian [dont] je n'ai pas de souvenir précis. "

Cette proximité donne une approche moins théorique, plus humaine et plus incertaine aussi. L'engagement affectif est néanmoins moindre que celui des séminaristes appelés, comme en témoigne le manque de souvenirs précis à propos des deux périodes militaires passées en Algérie. Et la conséquence est un scepticisme comme arrêté à mi-chemin. Les trois prêtres de cette génération admettent avoir changé d'opinion à mesure que la guerre se prolongeait, contrairement à leurs aînés. Le témoignage du troisième est intéressant à cet égard, lorsqu'il répond à la question " Aviez- vous une opinion personnelle? A-t-elle varié au cours de ces huit années? " :

" — *Oui à cause du témoignage des prêtres rappelés sous les drapeaux en Algérie.*

— *Tiraillement avec la famille de mon frère [qui] était marié à une "pied-noir".* "

C'est donc a priori bien les expériences de leurs connaissances, en particulier des jeunes gens de leur âge ou plus jeunes, qui ont provoqué la réflexion et les hésitations de ces prêtres à propos de la guerre d'Algérie.

Quant à l'évolution de leur opinion, il semble qu'elle ne soit pas fondamentalement différente de celle des Français en général[49], allant de l'évidence de l'Algérie française à sa remise en cause, puis à une acceptation de l'indépendance :

" *J'ai commencé par croire personnellement que l'Algérie pouvait être pacifiée et demeurer française -sans jamais pencher du côté de l'OAS. Puis en chrétien, j'ai pensé qu'elle pourrait accéder à l'indépendance et trouver sa place dans le concert des nations.*[50] "

ou encore :

" *J'ai toujours espéré l'apaisement, pas vraiment espéré l'indépendance. Quand elle s'est produite, je l'ai trouvée légitime. De façon générale, je n'accepte pas les règlements de conflits par les armes.* "

enfin :

" *J'hésitais...mais je pensais que cette guerre pour l'indépendance était juste (du côté algérien).* "

Au fil de ces témoignages, les valeurs religieuses sont mobilisées au service de la réflexion politique : ils évoquent la dignité de l'homme quel qu'il soit, la paix[51], et la justice.

L'intérêt de cette génération est qu'elle se situe dans l'entre-deux. Elle se situe dans une sorte d'incertitude, plus concernée que la génération précédente, plus hésitante aussi, et évidemment beaucoup moins marquée par cette guerre que les séminaristes qui l'ont vécue.

B. Les congrégations religieuses : l'exemple de la Doctrine chrétienne.

L'étude des attitudes des membres des congrégations religieuses se limite à un aperçu de la Doctrine chrétienne, dont la maison mère est à Nancy, et qui a essaimé en Algérie dès le dix-neuvième siècle. Il aurait été très intéressant, mais trop ambitieux pour ce mémoire, d'étudier l'ordre des jésuites ou des dominicains, ou d'autres maisons. J'ai pu rencontrer deux sœurs de la Doctrine chrétienne. Sœur Marie est née en Algérie, comme la plupart des religieuses de la Doctrine en Algérie, qui s'est rapidement mise à recruter sur place. Elle est revenue en France en 1976. L'autre religieuse est lorraine.

Les liens de la maison mère avec l'Algérie ont toujours été réguliers. Le noviciat des sœurs d'Algérie se fait à Nancy, pendant environ 18 mois. A l'époque de la guerre d'Algérie, elles ne viennent ensuite plus que tous les huit ans faire une retraite en France, mais entretiennent une correspondance régulière avec la supérieure générale. Cette dernière représente également les sœurs d'Algérie, qui envoient tous les six ans une délégation pour reconduire le mandat de la supérieure générale, ou en élire une nouvelle. Etudier les attitudes des religieuses en Algérie est donc pertinent dans la mesure où tout se fait en accord avec Nancy.

C'est surtout à travers les liens affectifs qui attachent les religieuses d'Algérie et de Nancy que ces dernières perçoivent le drame algérien. C'est ainsi que deux d'entre elles rendent visite aux sœurs d'Algérie, pour " atténuer leurs souffrances ". Pour la religieuse lorraine, l'indépendance voulait dire " un petit bout de la France qui partait ", bien qu'elle l'ait acceptée comme légitime lorsqu'elle a eu lieu. Le discours est le même du côté de Sœur Marie:

" *Pendant la guerre, on était plus pour que l'Algérie reste française. Mais quand l'indépendance est venue, on s'y est vite mises.* "

Ce sentiment Algérie française est d'autant plus explicable que la Doctrine est installée en Algérie, et que les liens entre Nancy et les maisons algériennes sont assez étroits. Il est d'ailleurs d'autant moins remis en question que les sœurs se tiennent éloignées de l'actualité et de la politique, de manière bien plus forte que les prêtres. Il faut dire que les religieuses " n'avaient pas vraiment l'habitude de lire la presse ", alors que les prêtres ont souvent plusieurs abonnements.

Elles montrent en revanche une grande capacité d'adaptation sur le terrain. Avant la fin de la guerre d'Algérie, leurs dispensaires sont fréquentés par des musulmans. A l'inverse, dans les écoles, l'enthousiasme missionnaire du début a laissé place à un repli sur les pieds-noirs, car l'enseignement dépend de l'Etat français, qui ne souhaite pas mélanger les populations. Jusque 1962, elles continuent leur travail " comme toujours ". Lorsqu'arrive l'indépendance, la supérieure générale de Nancy laisse les sœurs d'Algérie libres de rester ou de venir en France. La plupart restent, à part trois ou quatre:

" *Le peuple avait une confiance inouïe envers nous, il n'aurait pas voulu qu'on s'en aille.* "

Leurs élèves changent alors : l'école est " prise d'assaut " par les jeunes filles algériennes, qui ont soif d'apprendre, et qui se mêlent aux quelques Européennes qui sont restées. Il n'est alors absolument pas question d'esprit missionnaire : un professeur arabe, égyptien ou libanais, vient enseigner le Coran. C'est en 1976 que tout change, quand l'Etat algérien nationalise les écoles:

" *Alors, il a fallu rendre les clés des écoles; ça a été la débandade, il a fallu partir.* "

Seules les religieuses qui s'occupent d'hôpitaux et dispensaires ont pu poursuivre leur travail en Algérie. La direction a loué des maisons à Aix, Gap et Alès pour faciliter l'adaptation de celles qui sont revenues en France. Il reste encore trois sœurs pieds-noirs à Nancy, dont une est arrivée après la fermeture d'une maison, à Aix. La Doctrine chrétienne garde encore un pied en Algérie : treize sœurs belges, luxembourgeoises, françaises et allemande se répartissent entre Oran, Alger, Bejaia et Annaba. Elles viennent tous les deux ans passer deux mois de vacances en France, pour " décompresser ".

III. LES SCOUTS DE FRANCE : SPECIFICITE DE LA " ROUTE " ?

L'attitude des dirigeants nationaux de la Route, branche aînée des Scouts de France, vis-à-vis de la guerre est relativement connue. L'Equipe Nationale Route, dont Paul Rendu était le commissaire, montra par sa démission en 1957, sa détermination à défendre la conception d'un scoutisme plus ouvert à son temps et plus responsable. Or, le conflit a éclaté à propos de la guerre d'Algérie, lorsque l'ENR a jugé que c'était de son devoir de faire connaître le *Dossier Jean Muller*[52] qui dénonce la torture et est écrit par l'un des siens. Retrouve-t-on cette attitude, pour le moins étonnante chez les Scouts, parmi les routiers et les chefs en province? Y avait-il un esprit routier clairement distinct du reste du mouvement ?

A. L'engagement de Jean Muller.

Jean Muller, jeune messin à l'ENR depuis peu, part comme rappelé en Algérie en juillet 1956. Il aurait hésité de par " ses choix politiques "[53], qui l'auraient plutôt incité à l'insoumission. Il n'y a cependant vraisemblablement pas grande trace d '" engagement politique " à proprement parler, si ce n'est l'adhésion à la Jeune République de Marc Sangnier, sans que cela s'accompagne d'une militance active. Philippe Laneyrie décrit Jean Muller comme " beaucoup plus engagé politiquement que la plupart des autres responsables scouts et affichant volontiers une grande solidarité à l'égard de la classe ouvrière dont il n'était pourtant pas issu ". Il est vrai que la famille de Jean Muller appartient plutôt à la bourgeoisie messine, mais il est très possible que sa sensibilité proche des milieux ouvriers trouve son origine dans la composition de la Route à Metz, qui est formée à 50 ou 60 % d'ouvriers et d'employés techniciens[54], et qui a une très grande " ouverture au monde " et à l'actualité. Il se serait décidé à partir sur les conseils de Paul Rendu[55], alors à la tête de la Route et qui lui aurait enjoint de " partir et être témoin ".

En Algérie, Jean Muller défend ses valeurs en dénonçant les procédés qui ont cours dans l'armée française devant un parlementaire du MRP[56], venu en visite, ou face à des légionnaires qu'il trouve peu scrupuleux sur le chapitre. Il meurt en embuscade le 27 octobre 1956, à peine plus de quatre mois après son arrivée en Algérie. Son frère et ses proches amis essaient de reconstituer son témoignage en rassemblant l'abondante correspondance qu'il a entretenue[57]. Ils réunissent les éléments d'un récit effrayant, le cri d'un jeune chrétien face à des comportements inhumains sous couvert de " pacification ". Il faut noter que si la torture est dénoncée de manière très précise[58], Jean Muller ne généralise pas[59] et n'hésite pas non plus à décrire les méthodes du FLN.[60]

Peut-on voir Jean Muller comme le type même du routier? Lorsqu'il monte à Paris à l'ENR, il semble qu'il ait eu un esprit critique que d'autres n'avaient pas forcément, et qui est peut-être dû à la composition sociale de la Route messine, où sont majoritaires les jeunes travailleurs. Mais les routiers de province ne correspondent pas forcément au " routier " tel que le dessinent Jean Muller ou les membres de l'ENR.

B. L'Equipe Nationale Route.

Jean Muller apparaît en effet en symbiose avec les membres de l'Equipe Nationale. Toutefois, cette coïncidence est à mettre sur le compte d'une certaine homogénéité de l'ENR, dont les membres se rassembleraient, voire auraient été recrutés, en fonction d'un projet de réforme du scoutisme incarné par Michel Rigal. En effet, d'après Christian Guérin, l' " idée de Rigal " aurait été de " placer une équipe de jeunes laïcs dynamiques (Pierre Roux, Pierre Chesnais, Claude Lefebvre auxquels s'adjoint Jean Muller en 1955) sous la houlette du Père Liégé " qu'il aurait déjà imposé[61]. Les dirigeants de la Route forment donc un milieu homogène, qui s'informe et réfléchit beaucoup, et auquel la volonté de quelques " grands féodaux "[62] comme Rigal, Liégé ou Rendu donne une cohérence accrue.

L'esprit de la Route s'individualise donc au niveau national en grande partie grâce à la volonté tenace d'un homme marqué par les compromissions du scoutisme pendant la seconde guerre mondiale, et autour du projet de faire de la Route une " branche pilote " du Mouvement, autonome par rapport à celle des Eclaireurs avec laquelle elle était auparavant en pleine communion.

Le fossé se creuse en effet entre les équipes nationales des Eclaireurs et de la Route. Pour Christian Guérin, c'est toute une façon de voir[63] qui est mise en cause par l'ENR de Rigal puis de Rendu, et le différend, inévitable, éclate sur le point sensible de la politique. Lorsqu'Etienne Fouilloux[64] évoque les discordances politiques entre les catholiques à propos de la guerre d'Algérie comme un " conflit franco-français ", il fait porter le désaccord sur des conceptions divergentes du patriotisme. Cet axe est particulièrement visible chez les scouts au moment du conflit algérien. L'attitude de la Route à l'égard de la dénonciation de la torture choque les tenants du scoutisme " ancienne manière ", parce que ceux-ci, incarnés par Michel Menu, conçoivent le patriotisme comme la préservation de la puissance de la France, de son honneur à l'extérieur. A l'inverse, le Père Liégé, dominicain, et Paul Rendu ont une exigence morale plus grande, et pour eux la grandeur de la France passe par le respect des principes qu'elle s'est donnés. Ces deux conceptions entrent en conflit au moment de la guerre d'Algérie, si bien que Michel Rigal, le commissaire général, s'en inquiète dans une lettre à Mgr Lallier, évêque protecteur du scoutisme, datée du 11 juin 1956[65]. Il lui faut en effet concilier les deux conceptions politiques qui ont cours chez les scouts. Il tire de leur exposition à Mgr Lallier deux conclusions :

" *Vous voyez que d'abord les deux doctrines ne sont pas à égale distance de la pensée chrétienne -que celle du Père Liégé est, me semble-t-il, plus proche de l'idéal chrétien qu'elle intègre -mais cependant, il s'éloigne du sens des réalités dans les conséquences -, que celle de Menu n'est pas assez élaborée et peut se dégrader en volonté de puissance, mais repose sur un grand bon sens dans l'analyse des situations.* "

Les attitudes face à la guerre d'Algérie sont sous-tendue par une opposition entre un patriotisme rénové, plus exigeant avec les principes chrétiens, soutenu par l'ENR[66], et une conception " réaliste " conforme au patriotisme traditionnel, fondé sur la puissance extérieure.

L'esprit de l'ENR trouve plus ou mois d'écho dans les clans routiers de province. Pour Paul Rendu, la différence serait peut-être sociale. En effet, la Route recrute de plus en plus de jeunes travailleurs qui ne sont pas issus du scoutisme. Christian Guérin note que ces nouvelles recrues sont " beaucoup moins malléables ", et ont " un sens critique en éveil ", sont plus exigeants. Ils ne se satisfont pas d'un scoutisme empoussiéré par des valeurs trop bourgeoises, et sont un élément de vitalité pour la Route[67].

C. Les routiers de Metz : le choix de l'engagement.

A Metz, la composition de la Route serait pour une bonne part salariée et en plein essor[68], alors qu'elle serait déclinante ou stagnante à Nancy comme au niveau national. Le milieu scout dans lequel s'est formé Jean Muller apparaît comme très dynamique, très engagé " dans la cité ". Le clan, qui recrute au niveau du district, est assez important pour posséder une bibliothèque bien garnie, notamment en ouvrages d'économie et de politique. Jean Muller et Gérard Nadé, son successeur à la tête du clan " de Maud'huy ", sont abonnés au *Journal Officiel* , pour suivre les débats de l'assemblée en citoyens responsables. L'actualité fait régulièrement l'objet d'une revue de presse de dix ou quinze journaux, dont les points de vue sont exposés au sein des équipes, et parfois, au cours de la réunion de clan. Pourtant, bien que l'un des routiers soit syndiqué à la CGT, que d'autres soient à la CFTC, et parfois dans le groupe Reconstruction, que certains soient adhérents de Jeune République, Gérard Nadé ne voit pas la Route de Metz comme mouvement " de gauche ". La Route reste scoute et chrétienne avant tout, mais du côté d'un christianisme " éclairé ", très soucieux de ne pas rester en dehors des questions que pose la société.

Des routiers étaient déjà sensibilisés au problème des colonies, par la guerre d'Indochine en particulier. La prise de conscience des routiers messins vis-à-vis de la guerre d'Algérie se fait cependant essentiellement à partir des premiers retours des rappelés, et avec le témoignage de Jean Muller. Elle se met alors, officieusement, du côté de la dénonciation d'une guerre considérée comme injuste.

Les routiers seraient un élément incontournable de la vie de la jeunesse messine. Aussi mènent-ils une action conjointe avec les autres mouvements de jeunesse ou avec les autres opposants à la guerre d'Algérie. Dès avant l'été 1955, ils sont à l'origine d'un *cercle d'information économique, politique et sociale*, comme il s'en crée dans d'autres villes sur le modèle du cercle parisien, qui s'adresse aux routiers et aux chefs des diverses branches pour les faire réfléchir selon la méthode déjà éprouvée par l'ACJF[69]. Celui de Metz a l'originalité de rassembler tous les mouvements de jeunesse de la ville : Mouvement scout éclaireur, Eclaireurs unionistes, Guides de France, JIC, JEC, JAC, des foyers de jeunes... en sont partie prenante[70]. Gérard Nadé était le président du CIEPS, et il se souvient des invitations de personnalités très diverses telles Jean-Marie Domenach, Robert Barrat, ou Robert Schuman. Ces réunions rassemblaient 200 ou 300 personnes. Une conférence a eu lieu sur l'Algérie à l'époque où les jeunes gens ignorent tout sur la question. Des tracts pour la paix signés par les groupements qui s'opposent à la guerre d'Algérie, comme la FEN, la CFTC et Reconstruction, la CGT, le MRP, le sont aussi par certains routiers, à titre individuel.

A la fin de l'année 1955, les rappelés ont manifesté leur colère à Metz :

" *A Metz, lors d'une cérémonie au monument aux morts, les officiers ne peuvent obtenir le présentez-armes, le garde-à-vous, ni même le silence. Les anciens combattants indignés manquent de se servir des hampes et des pointes de leurs drapeaux contre les rappelés. Et la cérémonie se termine en un cortège tumultueux.* " [71]

Gérard Nadé est présent, en tant que responsable du mouvement de jeunesse de Metz. Les renseignements généraux et les renseignements militaires le repèrent.

Jean Muller est parmi les premiers routiers messins à partir pour la guerre. En Algérie, il se retrouve avec d'anciens routiers lorrains. Très rapidement, il se met à écrire abondamment à ses amis, de la Route principalement, et à son frère. Ceux-ci sont très étonnés, révoltés par ce que racontent les lettres, ils découvrent avec stupeur ce qui se passe en Algérie. Ils veulent faire partager le témoignage de Jean sur les cruautés de cette guerre, sur les comportements de l'armée française, qui pratique la torture ; et à plusieurs, ils rassemblent toutes les lettres.

La mort de Jean Muller survient peu de temps après. Des centaines de jeunes assistent à la messe de funérailles; l'équipe nationale se déplace à Metz. Le projet de publication du témoignage de Jean se concrétise alors peu à peu. Les amis de Jean Muller font paraître une petite brochure ronéotypée, où de larges extraits des lettres sont repris. Les gens viennent en chercher au fur et à mesure : il en serait ainsi sorti environ deux mille exemplaires. Cette brochure commence donc à être connue. Se sentant menacés, les routiers, les guides (des

Guides de France) et son frère, qui sont à l'origine de cette initiative, se donnent des garanties juridiques : des compagnons de Jean Muller et de nombreux rappelés se portent garants de la véracité des faits devant huissier. Une grande partie des lettres sont cachées. Les auteurs du petit cahier sont sous " haute surveillance ". Dans ces péripéties, ils reçoivent l'aide de Monseigneur Schmitt, futur évêque de Metz, qui a déjà apporté son soutien à un jeune catholique insoumis, Jean-Marie Straub[72]. C'est alors que *Témoignage chrétien* aurait pris connaissance du fascicule par le biais de Paul Rendu, et aurait pris le parti de le publier, non sans hésitation[73].

La famille de Jean Muller était connue sur Metz. Le père est le directeur d'une entreprise de transports, la mère est issue d'une vieille famille messine. Leur attitude vis-à-vis des lettres de leur fils n'est donc pas anodine. Or, si le père veut dans un premier temps éviter de faire du bruit - et il refuse notamment les honneurs militaires -, la famille donne cependant son aval à la publication des lettres. C'est en connaissant le témoignage de Jean Muller que des jeunes Messins ou des scouts, qui ne l'ont pas toujours connu personnellement, prennent parti contre la guerre.[74]

Aujourd'hui encore, les amis et le frère de Jean Muller veillent jalousement à une mémoire qu'ils ressentent comme bafouée : ils revendiquent le fait qu'ils sont à l'origine du dossier Jean Muller, et s'indignent lorsqu'on met en doute l'existence de Jean Muller et des lettres qu'ils ont reçues[75]. Bien des rencontres se sont déroulées " à la mémoire de Jean " : Gérard Nadé indique que la dernière a rassemblé plus d'une centaine d'anciens routiers, le 19 octobre 1996, à Metz.

D. les chefs et les routiers à Nancy : diversité des opinions.

Il n'y a a priori pas de raisons de considérer que tous les routiers de province suivent le mouvement de l'ENR d'avant 1957 ou des routiers de Metz, qui dénoncent la guerre d'Algérie: il faut considérer comme le fait Bernard Giroux[76], que " la Route continue d'accueillir des jeunes issus de tradition de " droite ", ce qui constitue un solide contrepoids au discours de ses responsables "[77]. De fait, Nancy conserve un recrutement très huppé pour la Route : plus de la moitié des routiers sont rattachés au clan du GEC, le clan Marquette[78], qui rassemble essentiellement des étudiants, dont les futurs médecins et universitaires de Nancy. Il n'y aurait donc pas de rupture entre la branche Eclaireurs et la Route. L'habitude de séparer totalement les branches Route et " Eclaireurs " dans leur appréhension de la guerre d'Algérie peut alors fausser la compréhension. A ce sujet, Michel Rigal, cité par Aline Coutrot[79], rappelle que " la Route ne saurait exister en dehors du Mouvement. La branche éclaireur lui fournit les trois quarts de ses effectifs ". D'ailleurs, les routiers sont souvent sollicités pour devenir chefs dans d'autres branches.

On peut ainsi penser que le milieu scout à Nancy ne remet pas en cause l'ordre établi, et ressemble à celui que décrit un responsable de Vie Nouvelle à Roubaix :

"...un milieu scout fort honnête et fort moyen, peu lucide et peu engagé, très individualiste et très respectueux du calme et de l'ordre." [80]

Les quelques témoignages que j'ai recueillis vont dans ce sens. Les personnes qui me répondent appartiennent sans doute à une frange plus active, plus consciente ; leurs adresses proviennent de l'annuaire diocésain - ce qui indique qu'elles ont des responsabilités au sein des mouvements d'Eglise -, ou m'ont été communiquées par d'autres personnes interrogées, qui les ont jugées particulièrement dignes d'intérêt. Sur cinq témoignages écrits ou oraux de scouts de l'époque, les seuls qui aient eu une opinion sur le sujet ne tiennent pas leurs idées du scoutisme. L'un se montre fervent défenseur de l'Algérie française; il est militaire de carrière. Une jeune fille milite contre la guerre, mais c'est à partir de son entrée à l'université et de ses relations avec des " camarades cathos, très engagés soit dans le milieu syndical étudiant, soit dans des groupes non-violents ". Enfin, un ancien scout donne un témoignage intéressant sur la nature des débats qui se tenaient chez les scouts de l'époque :

" Ça avait beaucoup d'importance pour nous parce que la plupart d'entre nous avaient à peu près l'âge de faire le service militaire. Donc nous étions tous concernés. Même les jeunes filles de notre âge avec qui on avait des discussions. Tous les jeunes de cette époque-là étaient extrêmement concernés par ce qui se passait.(...)

"Politisés" , ce n'est peut-être pas exactement le terme. Au contraire, je pense qu'on était complètement ignares dans ce domaine. Une sous-information fantastique. C'est-à-dire que pendant très longtemps - je l'ai découvert par la suite - l'Eglise était notre seul pourvoyeur d'information et déterminait nos valeurs. C'était très clair.(...)

Par rapport à l'équipe de Paris, on n'était pas au même degré de réflexion. Encore que...ce qui me fait dire ça, c'est que la grande majorité des gens qui m'entouraient à cette époque-là étaient plutôt, disons pour résumer," Algérie française". (...)

Alors une partie, disons 30 ou 40%, avait cette opinion-là très ancrée. Une autre partie, plus intéressante, plus proche déjà de ce que je pensais, qui tournait autour de Témoignage chrétien - parce que quand je dis qu'on n'était pas politisés, tout de même, il y avait des informations qui passaient : les lecteurs de TC, les lecteurs de Camus, qui avaient une autre vision, une autre réflexion, et qui disaient " il faut essayer de s'entendre, on peut sauver un certain nombre de choses (...)". Et puis il y avait un tout petit nombre qui disait, et je ne sais pas si je n'étais même pas le seul, qui disait que l'Algérie n'est pas la France, et il faut absolument couper le cordon ombilical tout de suite, négocier le plus vite possible le départ. (...) On ne peut pas dire que l'Algérie c'est partie intégrante de l'Auvergne, c'est pas possible. (...) Et je me souviens de discussions extrêmement violentes comme on peut en avoir à dix-huit, vingt ans, avec mes copains. " [81]

On retrouve, comme chez les prêtres, la diversité des opinions, avec deux minorités qui encadrent la masse des indécis. Seulement, parmi les scouts, la minorité " Algérie française "[82] est gonflée par un recrutement essentiellement dans les milieux de droite, sans doute renforcé à Nancy par le clan étudiant. Le témoin distingue clairement l'Equipe Nationale Route, qui lui paraît porteuse d'une réflexion et d'une prise de parti claires, du milieu scout qui l'entoure. C'est donc l'apolitisme qui a prévalu chez les scouts les plus âgés de Nancy[83], dont les équipes de l'époque, conservatrices dans l'ensemble, ont dû être loin de former un groupe homogène. Ainsi, une initiative comme les *cercles d'information politique, économique et sociale de " La Route ",* ne trouve vraisemblablement pas d'écho à Nancy[84]. Or ces cercles, qui se créent dans différentes villes à partir de 1956 véhiculeraient des conceptions du scoutisme proches de celles de l'entourage de Paul Rendu. Il ne faut pourtant pas déduire que les scouts aînés n'étaient pas concernés, ou même qu'ils ne pouvaient avoir des opinions effectivement proches de celles qui avaient cours dans l'ENR d'avant 1957. Des discussions vives ont lieu. D'autre part, on perçoit à travers un passage de la *Semaine religieuse* les prises de parti personnelles qui ont pu exister, ainsi que les plaintes qu'elles ont dû provoquer pour que le bulletin diocésain s'en mêle:

" *"Bientôt mes filles voteront, songe la cheftaine; j'ai le devoir de leur apprendre à bien voter". Et de là à résoudre en conseil de C.E. la situation des Nord-Africains, il n'y a pas loin, -ou à inculquer aux autres des options personnelles. Agir ainsi serait une désobéissance à l'Eglise et un abus de confiance vis-à-vis du guidisme : ces adolescentes ou ces jeunes filles sont confiées au mouvement pour qu'il les aide à devenir de bonnes chrétiennes et de bonnes citoyennes, et nullement pour qu'il les oriente vers telle ou telle option de parti.* "

L'évêque veille...et l'on devine à peu près quelles ont été les " options personnelles " de la cheftaine gourmandée pour que Mgr Pirolley s'en inquiète. Des prises de position contre la guerre ont donc existé de manière individuelle. Simplement, le scoutisme n'est pas porteur d'un choix particulier sur Nancy au niveau de ses aînés.

Cependant, les routiers ont mené des actions moins polémiques, tout à fait compatibles avec des convictions " Algérie française "[85], auprès des Nord-Africains présents à Nancy. D'après Philippe Laneyrie, c'est à partir de 1954, avec l'arrivée de l'équipe Liégé-Rendu, que la Route s'ouvre à l'engagement dans la cité, pour remédier aux " injures sociales ".[86] Les routiers nancéiens suivent dès 1954 cette nouvelle orientation, et ont trouvé à se rendre utiles du côté des Nord-Africains victimes de la misère. C'est ce dont témoigne la *Semaine religieuse* du 17 avril 1955, dans un compte rendu de la journée de la Route :

" *C'est ainsi qu'alertée par l'appel de l'Abbé Pierre, la Route de Nancy s'est préoccupée du sort des Nord-Africains. Elle a procédé à leur ramassage dans les rues durant l'hiver 1954; 1500 ont été ainsi hébergés pendant les grands froids. C'était courir au plus pressé (...). Les Routiers, dans ces activités, ont découvert la situation inhumaine des Nord-Africains, en pleine misère, inadaptés, rejetés en marge de notre civilisation (...).* "

Les routiers, par ces actions, appréhendent les problèmes d'injustice sociale qui touchent les Nord-Africains, apprennent à respecter celui qui est différent et dans la misère. L'esprit routier est empreint de fraternité à l'égard de l'étranger, ce qui a pu être un bagage non négligeable pour des jeunes confrontés à une guerre mettant parfois durement à l'épreuve leur sens de l'homme.

L'esprit des routiers a donc été très différent d'une ville à l'autre; il peut se matérialiser par l'existence ou l'absence d'une initiative telle que *les cercles d'information économique, politique et sociale.* Cependant, au-delà de cette diversité, le scoutisme a pu marquer de son empreinte les manières d'être des futurs appelés passés par le mouvement.

CHAPITRE 2
LES APPELÉS CATHOLIQUES FACE À LA GUERRE.

" Il a été flingué par un de chez nous. Avec le recul, je dis il ne l'a pas volé. Quand on traitait comme il traitait les militaires arabes, quand on est fumier à ce point-là, un jour ou l'autre, ça vous retombe au coin de la figure. Bon, ce n'est pas très chrétien comme raisonnement, mais il faut imaginer quand même que dans un contexte comme celui-là, les gens ne sont plus tout à fait les mêmes." [87]

Justement, n'y a-t-il pas eu un comportement " chrétien ", particulièrement respectueux de la dignité de tout homme, de la part des jeunes appelés catholiques formés dans les mouvements d'Eglise ou les séminaires, et partis comme appelés en Algérie? Si des adultes catholiques ont mené des réflexions sur la guerre en essayant de faire correspondre valeurs chrétiennes et attitudes à tenir face à celle-ci, comment les jeunes gens, à peine sortis de l'adolescence, qui se sont retrouvés au feu, sous l'influence de l'action psychologique de l'armée et de la peur, ont-ils concilié la dure réalité avec leur foi? A leur retour, qu'ont-ils tiré d'une expérience riche et parfois douloureuse?

I. UNE FORMATION SPÉCIFIQUE?

Les futurs appelés qui faisaient partie d'un mouvement d'Eglise en ont-ils retiré un certain bénéfice, certaines valeurs, qui ont pu les influencer, peut-être les aider, lorsqu'ils ont eu à faire face à la guerre d'Algérie et aux drames humains qu'elle a générés ?

A. Les Scouts de France.

Les questions algériennes n'étaient discutées qu'informellement, et sur Nancy, il semble qu'aucun cadre n'ait orienté la réflexion politique des routiers et des chefs de clan. C'est ce que regrette l'un d'eux, qui a rencontré des jeunes socialistes en Algérie :

" Les socialistes étaient des gens qui avaient une culture qui leur permettait d'analyser les choses. Et j'admirais cette culture qu'on ne m'avait pas donnée. Ça a été un reproche là quand même, pas vis-à-vis de l'Eglise, mais du scoutisme.[88] *"*

En revanche, les scouts auraient été habitués à considérer les musulmans comme des frères[89], ce qui a pu les écarter d'un certain racisme. Un routier nancéien, Maurice Noirel, interprète dans ce sens la loi scoute ; dans une lettre qu'il écrit d'Algérie, il s'appuie sur l'article 5, " le scout est courtois et chevaleresque ", pour considérer les Algériens comme des hommes et non comme des " bicots "[90].

En fait, c'est toute une structure mentale qu'inculquerait le scoutisme, plus que des réflexions sur tel ou tel sujet[91]. Il développerait ainsi le sens du devoir, de la hiérarchie, de l'obéissance : " Le scout est loyal à son pays, ses parents, ses chefs et ses subordonnés"[92]. Ainsi, dans le scoutisme, aucune contradiction n'apparaît entre partir à l'armée et être chrétien, à travers la notion de loyauté :

" Moi personnellement, j'avais une grande ouverture par ma formation, par mon idéal, par le scoutisme, aussi. Bon d'abord de (sic) faire mon devoir, j'étais appelé, je suis parti, je ne me suis pas posé de questions. " [93]

La discipline et le sens de l'effort scouts ont à voir avec ce que les garçons retrouvent à l'armée, et peuvent leur donner un certain goût pour le fait militaire. Aline Coutrot en donne un exemple un peu extrême en évoquant la soif d'héroïsme et de dévouement à la patrie, qui pousse certains routiers à s'engager chez les paras[94].

Le scoutisme forme aussi à un certain savoir-vivre, à certains savoir-faire qui ont pu être utiles dans la vie du soldat. Les scouts ont " l'habitude de vivre en communauté "[95]. Les appelés scouts retrouvent une " chaleur rugueuse " en Algérie, peut-être plus intense encore. Un aumônier militaire m'a confié aimer l'ambiance de l'armée, parce qu'elle lui rappelait celle des scouts : organisation efficace, chaleur des feux de camp, être au service du soldat... Par ailleurs, le scout apprend la vie dans la nature ; il est rompu à l'effort physique et à " la simple débrouille de boy-scout, de colonie de vacances "[96].

B. Le Grand Séminaire : militarisme larvé?

" Nous avions 20 ans et après coup, j'en veux terriblement à ceux qui étaient responsables de la formation des futurs prêtres de n'avoir jamais tenté de nous ouvrir les yeux sur cette guerre injuste. Mais eux-mêmes avaient-ils cette conscience? " [97]

Les anciens séminaristes interrogés ont été formés en général au Grand Séminaire de Nancy, à l'Asnée, ou à celui de Metz. A Nancy, les supérieurs ont eu du mal à s'adapter à une situation inédite : la guerre d'Algérie, qui cristallisait les passions chez les chrétiens et qui concernait directement les futurs prêtres, passait difficilement la porte d'un lieu consacré plutôt à l'enseignement de l'Eternel. L'actualité était en effet à peu près bannie de la maison de l'Asnée. Les transistors étaient interdits et la presse, croient se souvenir les pensionnaires de l'époque, ne pouvait être lue. Les séminaristes n'étaient informés que le lundi matin des événements extérieurs, par une revue de presse faite par quelques-uns uns d'entre eux[98]. Cette initiative elle-même daterait de cette époque, si l'on en croit un ancien séminariste qui " a essayé de s'informer et de lancer au séminaire des revues de presse les plus documentées possibles ".

Le supérieur, le Père André Lefebvre, tentait pourtant de donner à réfléchir à ses séminaristes, en restant dans les limites de sa fonction. Il lisait le courrier de ceux qui étaient déjà partis au reste de la communauté, chaque samedi soir. Dans quel esprit ? L'un d'eux donne son opinion :

" *Et malheureusement, force était de constater que les lettres les plus lues aux autres futurs prêtres n'étaient que celles qui décrivaient la guerre dans ses horreurs : les accrochages, les blessés, celles qui sentaient le baroudeur plus que celles des jeunes qui tentaient la pacification, la formation, celles des gradés plus que celles de ceux qui étaient restés avec la troupe. Une telle attitude nous poussait insidieusement à faire cette guerre sans conscience.* " [99]

Que penser d'un tel reproche ? On peut supposer que " faire la guerre sans conscience " n'était pas ce que voulait le Père Lefebvre de ses séminaristes. Il était surtout issu d'une autre génération, pour qui les séminaristes et les prêtres devaient être particulièrement dignes d'être de bons militaires. Des prêtres plus âgés se souviennent de l'époque à laquelle le Séminaire proposait à ses étudiants de suivre une préparation militaire, par le biais d'un officier qui venait régulièrement, afin de leur permettre d'entrer à l'école des officiers de réserve de Saint Cyr[100]. Le supérieur du Grand Séminaire de Nancy s'inscrit dans cet esprit lorsqu'il rend hommage à un séminariste mort en Algérie, pour qui il avait particulièrement d'affection, Jean Thibessard :

" *Mais c'est la paix qu'il aime et il est hanté par le désir de conquérir l'amitié des arabes (...) Il a été un beau type d'officier, de ceux dont la France peut être fière, et nous sommes fiers parce que c'est le séminaire qui a fait de lui un tel chef.*

Mais l'officier n'a pas empêché le séminariste d'approfondir sa foi et sa vocation et, plus que sous la soutane, c'est sous l'uniforme que Dieu très vite, l'a attiré à Lui. " [101]

Et pourtant, en dépit de cet état d'esprit, le Père Lefebvre réunit, avant leur départ pour le service militaire, les séminaristes concernés afin de les mettre devant le choix qui se pose entre " partir en solidarité avec tous les jeunes de [leur] âge, qui n'avaient pas les moyens de faire autrement, et [se] porter objecteurs de conscience, au nom de l'esprit de non-violence de l'Evangile "[102]. Tous penchent pour la première solution.

Au grand Séminaire de Metz, la question n'est pas posée, l'objection n'est pas proposée comme option chrétienne[103]. Un ancien séminariste rapporte ce que disaient les professeurs avant le départ des appelés du Séminaire :

" *Ce qui m'a frappé à l'époque, c'est que nos professeurs étaient surtout légitimistes. Sans justifier la guerre d'Algérie, ils nous ont demandé de servir loyalement la patrie (...) L'idéologie proposée était de servir avec les autres appelés du contingent sans chercher une situation à l'abri du danger.* "

Au total, les séminaristes de Nancy et de Metz ont tous accepté de porter les armes en Algérie lorsqu'arrivait leur tour. Les raisons qu'ils donnent sont d'une part la solidarité avec les jeunes hommes de leur âge, la crainte de " donner l'impression de fuir le danger ". C'était aussi pour les séminaristes, souvent pensionnaires depuis le petit séminaire, l'occasion de sortir d'un milieu très restreint et protégé, de rencontrer les garçons de leur génération :

" *Les études hélas au séminaire nous ont cloisonnés et l'on peut dire paradoxalement que le long service militaire a été une chance pour nous sortir d'un internat et nous frotter à tous les jeunes de France qui accomplissaient leur obligation militaire.* " [104]

Ils n'ont d'ailleurs pas vraiment le sentiment d'avoir eu le choix tant les peines de prison les dissuadaient de refuser le service militaire, d'autant plus qu'ils sont souvent arrivés vierges sur le plan des idées politiques.

Les séminaristes ont par ailleurs l'habitude d'obéir, d'être soumis à une autorité, ce qui, aux dires de certains, peut en faire des soldats zélés au service de l'armée[105].

Il faut pourtant prendre en compte deux facteurs qui ont pu contribuer à colorer la sensibilité des séminaristes face à la guerre d'Algérie. Tout d'abord, une partie non négligeable d'entre eux lisait *Témoignage Chrétien*, alors que leurs camarades avaient plutôt tendance à ne pas s'informer : ils partent alors déjà avec l'idée d'une guerre injuste. Ensuite, tous ont eu une formation catholique très profondément ancrée, qui leur a peut-être permis la grande ouverture à l'autre qu'ils ont manifestée, que ce soit au compagnon d'arme ou à l'habitant.

C. Un discours jociste sur la guerre.

La JOC, contrairement aux scouts et au Grand Séminaire, offre à ses adhérents une vision globale de la guerre. Parce qu'elle est sensible à la libération des jeunes travailleurs, la JOC prend fait et cause pour les autres opprimés que sont, d'une part le peuple algérien, et d'autre part les travailleurs nord-africains, qui ne bénéficient pas des mêmes conditions de travail que les autres ouvriers. La motion du 31ème conseil national de la JOC[106] précise dès septembre 1955 ses positions au niveau national. Les préoccupations qui apparaissent sont centrées autour de la sauvegarde de l'intégrité morale des jeunes rappelés ou maintenus sous les drapeaux, qui " se demandent comment ils pourront par là sauver les vraies valeurs de civilisation, ce que beaucoup faisaient déjà dans une vie quotidienne courageuse ". La guerre est d'emblée dénoncée et posée comme l'inéluctable conséquence de la discrimination à l'égard des Algériens et de l'" évolution des événements qui a conduit ces peuples à croire que seule la violence pourrait apporter un changement à leur situation ". Faut-il pour autant refuser de faire cette guerre injuste?

La motion n'envisage pas l'insoumission, et s'engage au contraire à " agir avec tous les jeunes soldats pour qu'ils ne se laissent pas prendre par le climat de haine, mais puissent rechercher sur place, avec tous les hommes qui y vivent, toutes les occasions de bâtir une authentique fraternité ". Les aumôniers de la JOC agissent d'ailleurs dans ce sens. Ainsi, l'aumônier JOC de Nancy, Maurice Guiot, est aumônier de réserve et encourage les jocistes à monter en grade au sein de l'armée, afin de " se faire serpillière pour pénétrer le système " comme le résume l'un d'eux[107]. En Moselle, un aumônier de la vallée de la Fensch conseille un ami algérien en plein dilemme : le jeune homme appartient au FLN et est appelé pour son service militaire. Doit-il entrer en clandestinité, ou aller se battre contre son peuple, contre son propre camp? L'aumônier lui recommande de ne pas se dérober au service, et d'en profiter pour sensibiliser les soldats qu'il rencontrera aux problèmes que soulève cette guerre[108]. Il ne s'agit certes pas de laisser les jeunes travailleurs partir sans avoir déjà conscience des dessous de cette guerre. Le rôle des aumôniers est fondamental pour la sensibilisation des jeunes gens. C'est lui qui aide à " décortiquer, à comprendre la souffrance, l'incertitude, l'incompréhension "[109] des différents acteurs. Il constitue un " antidote à la soumission " pour les jocistes. Ces derniers, surtout les plus actifs d'entre eux, participent aussi à la réflexion. Des actions sont organisées pour sensibiliser les camarades.

Mais il faut distinguer les militants vraiment engagés des simples adhérents, qu'il faut convaincre, informer, et qui ne s'intéressent pas toujours spontanément à la guerre d'Algérie avant d'y être confrontés. Un appelé jociste écrit ainsi à son aumônier :

" ...je vous en ai un peu voulu, mon Père. En effet, je n'ai aucune formation sur le plan politique, et surtout sur le problème algérien. Je suis pas qu'un petit peu dans " la merde ". Je regrette de ne pas m'être intéressé à tout cela avant de foutre les pieds dans l'armée. Pourquoi, parce qu'en n'étant pas formé, l'on se laisse tous mener pas le bout du nez, on accepte un tas de raisonnements inhumains... " [110]

D. Evangile et antimilitarisme?

L'Evangile enseigne le pacifisme. Il semble donc incompatible avec le fait de prendre les armes, comme le souligne un séminariste :

" Pour ma part, j'ai toujours été contre la guerre (...) Un chrétien qui réfléchit ne peut pas l'accepter, l'Evangile a toujours été clair là-dessus." [111]

Pourtant, la question ne se pose pas simplement en ces termes. Tout d'abord, la deuxième guerre mondiale n'est terminée que depuis une dizaine d'années lorsque le conflit algérien commence. La Résistance a redoré la légitimité du lien entre catholicisme et défense de la patrie. Les aumôniers de la France libre sont les premiers aumôniers à porter l'uniforme. L'aumônerie militaire est institutionnalisée à partir de 1949-1950[112]. Par ailleurs, d'un point de vue plus concret, les jeunes militants connaissent les " héros " qui se sont distingués par leur courage. Un ancien scout me dit l'importance de ces glorieux exemples : des routiers avaient risqué leur vie pour la résistance contre les Allemands; il fallait être digne d'eux, et le terme de " servir " n'était pas un vain mot lorsqu'il s'appuyait sur cette mémoire constamment rappelée[113]. Un jociste parle de ses aînés qui étaient au MLP, avec qui la JOC menait parfois des actions communes, et que tous admiraient pour leur courageuse résistance pendant la seconde guerre mondiale[114].

D'autre part, refuser le service militaire est alors un acte lourd de conséquences. Ceux qui se sont posé la question admirent la figure de l'objecteur de conscience. Mais celle-ci leur sert aussi de repoussoir :

" *Objecteur de conscience à l'époque, c'était terrifiant. (...) J'en ai vus qui ont fait 9 ans de prison, par périodes de 18 mois. (...) J'en ai vus qui étaient éclaireurs de pointe en civil. (...) L'éclaireur de pointe, (...) c'est lui qui est le plus en danger. Il change souvent. (...) Alors j'aime mieux vous dire que ceux-là, ils ne faisaient pas de vieux os (...) Mais je me suis demandé si ce n'était pas la seule solution.* " [115]

Un séminariste s'est posé la question :

" *...j'ai reculé devant la perspective de plusieurs années de prison et de brimades. A l'époque un séminariste était emprisonné au Cambout à Metz; il a beaucoup souffert. La revue La Vie catholique a fait un reportage sur lui. J'avais réussi à récupérer vingt exemplaires du numéro avant qu'il ne soit saisi, et à le diffuser dans la caserne Thomassin* " .[116]

On le voit, l'objecteur de conscience intrigue et dissuade tout à la fois. Pourtant, quelques jeunes catholiques ont refusé de servir en Algérie. Ainsi deux jocistes de Longwy ont déserté en Suisse et n'auraient eu le droit de revenir en France que bien plus tard[117]. Boisgontiers, un étudiant non-violent, dans la ligne de Lanza del Vasto, est passé au tribunal militaire de Metz, où il lui a d'ailleurs été dit que Dieu n'était pas antimilitariste puisqu'il était accompagné de " légions " d'anges[118] ; il a fait quelques mois de prison pour s'être porté objecteur de conscience.

Mais ces refus de partir faire la guerre contre les Algériens ont été anecdotiques. Alors, tous ces jeunes gens militants catholiques, scouts et séminaristes, pétris d'idéaux de fraternité et de sens moral, habitués aussi à la vie en communauté ou à la gestion d'un groupe, et qui ont pris le chemin de l'Algérie, ont-ils vécu cette guerre d'une manière vraiment originale? L'ont-ils faite " avec conscience "? La religion a-t-elle joué un rôle pour eux?

II. LES APPELÉS CATHOLIQUES DANS LA GUERRE.

Par manque de témoignages de rappelés, il sera question des appelés avant tout, avec le souci de distinguer dans quelle mesure la formation catholique a pu être une caractéristique chez ces jeunes soldats confrontés à une guerre difficile sous bien des aspects.

A. La vie d'appelé : les catholiques comme les autres.

La vie des appelés en Algérie présente à la fois une grande diversité et des points communs, ces derniers confinant parfois au stéréotype. Le jeune homme ne vit pas la même chose sur un piton isolé de tout et traquant les fellaghas que dans un bureau, dans une école ou encore, affecté aux trains. Pourtant, bien des caractéristiques rapprochent les expériences. L'amitié, l'ennui, la peur sont des sentiments qui reviennent souvent dans les témoignages, tout comme la découverte d'un univers algérien jusque là ignoré, qui dans bien des cas convainc un grand nombre de ceux qui n'en étaient pas encore persuadés de l'inutilité et de l'injustice de cette guerre.

L'éloignement, le partage de conditions de vie très particulières et souvent difficiles, la promiscuité aussi, ont favorisé des liens de camaraderie, de complicité, d'amitié. Les séminaristes ont découvert les garçons de leur génération :

" *L'amitié était extraordinaire! Les copains sans foi ni loi ni morale veillaient sur le futur prêtre pour qu'il reste fidèle à sa vocation!* " [119]

L'un de ses camarades partage son enthousiasme :

" *On vivait d'amitié...mais on vivait vraiment.* " [120]

Pour comprendre la force des liens qui se créaient entre compagnons d'arme, peut-être suffit-il de raconter comment au cours d'un entretien les larmes surgissent lorsqu'il est question d'un garçon particulièrement attachant mort en embuscade.

L'ennui et le désœuvrement teintent fortement les longs mois passés en Algérie. Le temps s'écoule dans l'attente des fellaghas qui ne viennent pas, ou tout simplement de la " quille ". La vie est souvent monotone dans le Bled :

" *Après douze mois dans un bled, même si le pays est très beau (...), on attendait la quille.* " [121]

Par ailleurs, les soldats vivent constamment avec la peur d'une attaque surprise, d'une embuscade...bien que cela dépende des situations. La mort des copains augmente la tension, tout comme les histoires qui circulent, arrivées à d'autres. Un séminariste qui a eu la charge de deux sections isolées raconte une de ces histoires qui rendent la peur oppressante :

" *On a appris que pas loin de là où j'étais un poste tenu par une section, une trentaine de bonhommes, s'est fait prendre une nuit. Là, les sentinelles (...) qui étaient des musulmans, qui faisaient leur service comme nous, puisqu'ils étaient français, ont ouvert les portes aux fellaghas. Ils s'étaient arrangés. (...) Le sous-lieutenant, ils l'ont descendu au pistolet, parce qu'il était officier, je ne sais pas. Et tous les autres, tous les hommes, sauf les deux qui ont vendu le poste, se sont fait égorger ; (...) ça peut vous arriver à vous aussi.* " [122]

Les jeunes hommes découvrent brutalement la mort, la violence, devant laquelle chacun réagit en fonction de son caractère, mais aussi d'un bagage de formation morale[123] qui peut être essentiel. Ceux qui ont été en opération se souviennent du choc qu'a provoqué le premier cadavre, ou le premier spectacle de la violence :

" *J'ai vu le premier tué "fellagha" exposé et abandonné dans la cour de notre caserne et j'ai été " trahi ", choqué par un copain qui arrivait comme moi de l'Allemagne le jour même, je le croyais un vrai copain mais en le voyant jeter des coups de pied dans le cadavre du fellagha tué, j'ai été scandalisé et tout de suite mis dans le bain! d'un seul coup j'étais devant l'horreur de la guerre...* " [124]

Il ne faut pas oublier bien sûr que tous n'ont pas vécu des choses aussi extrêmes. Certains ont couru derrière les fellaghas sans jamais en rencontrer. D'autres ont eu des occupations moins guerrières, plus humaines, d'administration, d'enseignement ou de soins médicaux.

Néanmoins, en arrivant en Algérie, l'appelé est souvent frappé par un certain nombre de choses qui le confirment dans son opinion d'une guerre inutile ou l'en persuadent. Il tombe dans un monde très différent de celui de la métropole. Il est choqué par la misère des uns et l'arrogance des autres. Un ancien appelé raconte son arrivée en Algérie :

" *C'est un choc. Ca m'a conforté dans mon idée que vraiment, on était loin d'être en France. Il y avait des choses qui me scandalisaient. Un statut des musulmans qui n'avaient absolument pas les mêmes droits que les Européens. (...) Il y avait là une injustice fantastique, un mépris quasi général des Algériens.* "

Les appelés ont parfois l'impression de faire une guerre pour servir les gros colons qui le leur rendent mal, mais qu'ils ne confondent pas avec l'ensemble des pieds-noirs, avec qui ils ont parfois de bonnes relations. Par ailleurs, ils se prennent de sympathie pour les Algériens. En définitive, les opinions peuvent changer :

" *Parti avec l'esprit de conserver "la France", j'ai terminé à boire le thé à la menthe en cachette avant de reprendre le bateau sous une tente du F.L.N., le 28 juin 1962, veille de l'indépendance.* " [125]

Pour partager les impressions et faire avancer la réflexion, les rencontres de compagnons ayant déjà une formation politique est parfois déterminante :

" *En partant en Algérie, je ne savais pas bien ce qu'était une guerre coloniale. Par contre en Algérie, j'ai eu la chance de connaître des appelés qui étaient beaucoup plus conscients et au fait de la décolonisation. C'est ainsi que j'ai fait la connaissance de Fabrice, qui était en lien avec la CGT.* " [126]

Ces jeunes gens " conscients " ne sont pas toujours des militants ; un ancien séminariste cite par exemple des étudiants de l'ENA et de HEC. Ils sont pourtant le plus souvent issus d'une organisation qui les a formés : jeunes socialistes, communistes, ou membres des mouvements de jeunesse de l'Action catholique.

Le monde arabe séduit bien des appelés, qui se sentent de la sympathie pour ces gens contre qui ils doivent se battre. Ce n'est pas seulement la misère du peuple algérien et l'injustice dont il est victime, mais aussi toute sa richesse culturelle et humaine qui attire et attache :

" *J'ai eu comme un instinct, un parti pris pour ce peuple algérien! J'ai été invité à des mariages dans les villages, à des circoncisions, des familles me donnaient en cadeau des couscous, des pâtisseries bien sucrées et mielleuses, les grands-pères m'embrassaient parce que j'apprenais à lire à leurs grands petits-enfants...* "

Ces souvenirs de l'indépendance, relatés par un prêtre, illustrent à quel point les appelés ont pu participer à la guerre sans conviction, sans aucune animosité en tout cas contre les ennemis ; aussi ont-ils pu applaudir sans arrière pensée l'indépendance qui annonçait leur retour en France :

" *Le jour de l'indépendance, on était tous consignés au camp. C'était vraiment un jour de liesse pour les Algériens. Ils ont beaucoup manifesté.*

Quand ils passaient devant le camp, la plupart des copains leur faisaient des signes d'amitié. Ils se disaient qu'ils pourraient bientôt rentrer à la maison. Et ils étaient contents. " [127]

Il ne faut pourtant pas négliger le poids de l'action psychologique de l'armée qui s'efforce de cultiver l'animosité contre les fellaghas dont les militaires montrent qu'ils pratiquent des crimes abominables et impardonnables. Les jeunes hommes, déjà dépaysés et en mal de repères, n'ont pas toujours les moyens de résister à cette propagande. Il est probable que la plupart des appelés, comme le suggère Benjamin Stora, ne se posent pas trop de questions; et si les réponses que j'ai obtenues émanent de personnes qui ont un recul relatif par rapport à l'action psychologique, on peut douter qu'elles soient réellement représentatives de l'ensemble des appelés, catholiques ou non:

" *Il y a le provincial, terne et triste, sans avenir, pour qui la guerre ne change presque rien à son mode de vie. (...) Il y a le paysan, qui, obligé, lui, de quitter sa ferme, ne fait que traverser la guerre en observateur passif. Enfin, il y a ceux qui ont une conviction personnelle, qu'ils tentent ou non de la faire partager.* " [128]

D'ailleurs, un ancien appelé souligne combien il peut être facile de ne rien voir en Algérie si l'on n'est pas déjà un peu averti.[129]

Par ailleurs, certains événements politiques sont perçus de manière assez semblable par l'ensemble des appelés, selon l'époque à laquelle ils se trouvaient en Algérie, sans particularité pour les jeunes catholiques. Il s'agit surtout du référendum du 28 septembre 1958, qui apparaît aux appelés comme une manipulation, une hypocrisie à laquelle ils se prêtent pourtant sans être dupes[130], parce qu'ils n'ont pas vraiment le choix[131]. L'armée a engagé son honneur dans le bon déroulement du référendum en Algérie. Elle déploie une vaste action de propagande en vue d'une " participation massive " et d'une " très forte majorité de *oui* "[132]. Le contingent est mobilisé pour aller chercher les Algériens jusque dans les douars les plus reculés, pour qu'ils mettent le bulletin blanc, porteur du " oui ", dans l'urne, et qu'ils jettent le bulletin violet, qui retombe par terre bien en vue car il n'y a pas de corbeille à papier. Tous savent que le violet est une couleur maléfique pour les Arabes. Il est intéressant de voir comment, malgré l'absence de protestation, un tel mépris de la liberté de vote a pu contribuer au divorce des appelés avec la cause des pieds-noirs :

" *Il faut savoir que pour les musulmans, le violet est la couleur du deuil. Alors c'est facile, le gars qui laissait tomber un blanc, alors il votait, c'est sûr; mais à la sortie, il était récupéré. En Algérie, le général est passé à 99,9%*[133]. *C'est beau. Moi, ce que j'aurais voulu savoir, c'est le 0,1 qui restait, dans quel état il était le lendemain ; ça, personne n'en a jamais parlé. Alors là aussi, il y a eu une coupure définitive de ma part avec le mouvement pied-noir.* " [134]

La majorité des témoignages que j'ai recueillis proviennent d'anciens appelés partis plutôt entre 1960 et 1962. L'événement marquant pour eux a été le putsch des généraux. L'image-cliché du soldat du contingent, à l'écoute de son transistor et fidèle à la République se retrouve d'un témoignage à l'autre :

" *Comme nous étions en Algérie au moment du putsch, on a souvent dit que les transistors que nous avions tous alors ont fait rater cette insurrection car nous étions branchés sur la métropole à l'écoute d'un Debré paniqué et d'un De Gaulle qui nous prêchait de ne pas obéir!! "* [135]

La guerre d'Algérie a uni le contingent, et les militants catholiques ou les séminaristes comme les autres, dans une même expérience, en fonction des postes et de la période de service. Pourtant, si les catholiques ont partagé les mêmes conditions que les autres appelés, ils ont pu avoir un surplus d'expérience, qui leur a été particulier, selon la place qui était la leur au sein de l'Eglise.

B. La pratique religieuse dans la guerre.

La pratique religieuse revêt plus ou moins d'importance, selon l'importance de la foi dans la vie de l'appelé. C'est surtout dans le cas des séminaristes que le problème de la poursuite du culte se pose, bien que l'on constate peut-être un besoin accru de la part des autres appelés catholiques, en raison des conditions difficiles dues à la guerre. C'est ce que dit crûment un militaire de carrière :

" Pratiquement tout le monde assistait aux messes. A partir du moment où il y a danger et où les jeunes voient de temps en temps tomber des camarades, ils sont beaucoup plus attirés par la religion que lorsqu'ils sont tranquillement en France. "

1.Une aumônerie militaire débordée.

L'aumônerie militaire d'Algérie s'efforce d'assurer une présence auprès des appelés. Des messes sont organisées, mais restent très épisodiques : l'aumônerie est débordée. Les prêtres doivent parcourir de grandes distances pour rendre visite à chacun. D'ailleurs, certains officiers bien conscients du manque de personnel religieux, demandent à avoir des prêtres parmi les recrues, lors des rappels[136]. Les aumôniers militaires peuvent bien être plus ou moins militaristes et à cet égard, l'exemple de l'aumônier parachutiste Delarue est particulièrement significatif à cet égard, tout comme l'aumônier militaire de Nancy, Rousselot, un enthousiaste de la cause Algérie française ; il n'empêche que ce n'est pas le cas de tous. De toute façon, ce qui importe avant tout pour les deux prêtres nancéiens partis remplir cette fonction et dont nous avons l'exemple[137], ce n'est pas le service de l'armée française, ni d'une cause quelconque, mais tout simplement l'aide au soldat. L'Abbé Jean Kopp est mort dans l'exercice de son apostolat en Algérie, au bout de quinze mois, fin 1961. Sa notice nécrologique dans la *Semaine religieuse* retrace l'origine de son départ pour l'Algérie, dans une période à laquelle il recherchait un ministère qui lui convienne :

" A la grande surprise de beaucoup, ayant fait l'essai de l'apostolat auprès des soldats d'Algérie, lors des Pâques de 1960, il en revint conquis et fixé. Non certes par aucune gloriole, ni aucun goût de l'aventure. "Ce qui m'a empoigné là-bas, disait-il, c'est le besoin inassouvi des âmes : ces braves gars du contingent isolés dans les postes, et trop rarement visités, faute de prêtres." (...) Il obtint l'autorisation de Son Excellence et posa sa candidature, que

l'Aumônerie Générale agréa à bon escient. Il partit, séparation très douloureuse au fond, et il resta; il se priva même de revenir en permission quand il le put. "

Jean Kopp serait parti parce qu'il cherchait à être vraiment utile. Il s'est ensuite dévoué totalement aux soldats, jusqu'à négliger les permissions. L'article de Xavier Boniface sur l'aumônerie militaire conclut en ce sens :

" *...les aumôniers servaient davantage le soldat que la guerre voire que l'Armée.* "

Il ne faut pourtant pas omettre comme motivation l'esprit d'aventure qu'exclut un peu vite la notice nécrologique, même si ce n'est que secondaire. L'Abbé Kopp est en effet un " vieux scout ", son nécrologue insiste beaucoup là-dessus. Il semble aimer le feu de camp et sa convivialité, lorsqu'il en utilise la métaphore pour parler de la fête de Noël :

" *"Ce Noël, c'est nous qui le ferons tel qu'il sera : ou subi, le cœur rabougri, ou rayonnant, éclairant et réchauffant comme un beau feu qui monte en brasier"*. *C'est le vieux scout qui parle, il me semble, et c'est lui qui souligne.* "

Il faut d'autant moins négliger cet aspect de l'engagement de l'Abbé Kopp que l'on retrouve le vieux scout chez son collègue l'Abbé P qui, au cours d'un entretien, m'a confié qu'il retrouvait au contact des militaires ses années de scoutisme. Ce qui ne veut pas dire qu'il ait été militariste: il s'agit plutôt d'un esprit commun qu'il retrouve dans les deux institutions, goût de l'action, la camaraderie, servir autrui... Il part en tant que rappelé, sans grande idée sur la guerre. Et il reste " pour les soldats et les civils " parce qu'on le lui demande et parce que l'ambiance lui convient. Quant à son opinion sur la guerre une fois sur place, elle est surtout marquée par le constat des dures conditions de vie des soldats qu'il visite :

" *-Sur place, qu'avez-vous pensé de cette guerre?*

 -Pour les soldats eux-mêmes, ça n'a pas été une période de club Méditerranée, loin de là. Les conditions de vie sur un piton, par exemple, ça ne leur permettait d'avoir de relations épistolaires que quand il y avait un parachutage de courrier, et leurs lettres ne partaient parfois qu'une fois par mois(...) Il y a bien des gars qui ont souffert de dépression nerveuse. Et puis, il y a eu un certain nombre de suicides. "

Il est à la fois dévoué et débordé, anime la vie d'une paroisse délaissée parce que trop isolée, tente de soulager la solitude des deux mille soldats de la garnison éparpillés en grande partie sur des pitons, et célèbre le culte autant qu'il le peut. Au total, l'aumônier militaire peut s'avérer un curieux mélange d'intrépidité - il est revêtu de l'uniforme militaire -, et de présence pacifique dans un monde de guerre, sillonnant sans arme et sans protection les pistes dans sa 2CV peinte d'une croix pour que les fellaghas le reconnaissent de loin. Il a essayé de mener une vie de prêtre dans le djebel, en étant fonctionnaire de l'armée. Sa tâche est immense, et il confie à la petite dizaine de séminaristes ou le cas échéant à des scouts, des hosties pour permettre aux chrétiens de communier lorsqu'ils se réunissent pour prier. Il ne prétend à aucun moment imposer une quelconque analyse sur la guerre à qui que ce soit, et se contente de soulager les maux ou les cas de conscience qu'il rencontre. Il affirme d'ailleurs que jamais un militaire du contingent ne lui a posé de question sur le bien fondé de la guerre, et que les seules questions de cet ordre qu'on lui ait soumises provenaient d'officiers, qui ne savaient comment prendre la politique d'indépendance du Général de Gaulle, et comment se positionner lors du putsch de 1961.

Pour Etienne Fouilloux, " le jeunes chrétien versé en Algérie y est souvent livré à lui-même, sans autre viatique que sa formation antérieure : paroisses locales étrangères, aumônerie militaire lointaine ou ambiguë "[138]. Pourtant, les séminaristes auraient été l'objet de plus de soins de la part des aumôniers militaires, chargés de veiller à la préservation de la vocation sacerdotale[139]. Mais les anciens séminaristes disent avoir été plutôt marqués par les représentants charismatiques d'une Eglise pacifique en Algérie, qui ont tout de même pu servir de repères pour eux, et qu'ils ont parfois eu l'occasion de rencontrer : Mgr Duval, évêque d'Alger, et le Père de l'Espinay, aumônier-chef en Algérie.

Le Père de l'Espinay, succède en 1958 au Père Vaugarni, qui apparaissait comme trop proche des cadres militaires et trop ouvertement du côté des hommes du 13 mai. Il change la tonalité de l'aumônerie en Algérie, étant sensible avant tout à la réalité de la guerre vécue par les jeunes du contingent. Il ne soutient d'ailleurs pas du tout les procédés de la guerre et se pose la question de partir et abandonner alors les jeunes chrétiens ou de rester et de risquer par là d'apporter une caution à ce qu'il réprouve. Il choisit de rester.[140]
André Nozière résume l'activité de l'aumônerie d'Alger :

" *La réflexion sur l'événement est poursuivie et développée. Des lettres circulaires sont envoyées tous les mois aux séminaristes d'Algérie. Une correspondance importante est échangée pour répondre aux difficultés plus personnelles. Une maison d'accueil est ouverte à Alger sur les hauteurs de la Bouzaréah, des récollections y sont organisées.* " [141]

Il aide les séminaristes à approfondir leur réflexion, à continuer à avoir une attitude conforme à leur vocation, à garder le cap des valeurs chrétiennes. Il donne aussi une position assez claire de l'aumônerie d'Alger pour servir de repère aux catholiques:

" *Il y a un homme qui m'a beaucoup marqué, bien que je l'aie vu peu souvent. Il a marqué, je crois, tous les séminaristes de France. Il a été un repère incontournable. C'est le Père François de l'Espinay. C'était un homme d'une qualité humaine exceptionnelle (...) Le Bouzaréah était son quartier général...et c'était devenu un point de passage quasi obligé quand on passait à Alger. Cet homme m'a beaucoup aidé à voir clair sur la situation et sur les solutions politiques. Il m'a surtout confirmé dans ce que je pensais. Il a été pour beaucoup la conscience juste de l'Eglise...* " [142]

Les séminaristes pouvaient donc avoir accès à une autorité ecclésiastique pour les orienter dans cette guerre. Toutefois, hormis ces quelques voix très écoutées, mais en d'assez rares occasions, et en dehors des quelques messes parcimonieusement réparties, il reste vrai que les séminaristes et ceux qui avaient le souci de vivre leur foi au sein de la guerre d'Algérie ont eu à réfléchir par eux-mêmes sur la forme qu'ils devaient donner à la pratique religieuse, d'une part dans un contexte d'isolement qui rendait difficile l'accès aux lieux de culte, et d'autre part au milieu des musulmans. Un séminariste raconte l'expérience de la pratique religieuse dans ces conditions :

" *Une expérience difficile, mais enrichissante aussi, celle d'avoir à vivre seul, dans un milieu musulman et sans contact avec une communauté chrétienne (je n'ai pratiquement pas pu prier avec quelqu'un pendant plus de six mois). Cela m'a certainement permis de vivre autrement ma foi, ma vie de prière en éprouvant et en renforçant mes convictions personnelles.* " [143]

La deuxième guerre mondiale avait amené les séminaristes et les prêtres faits prisonniers à connaître une autre manière de pratiquer, moins formelle, mais peut-être ressentie comme plus authentique[144]. Les séminaristes partis en Algérie ont parfois l'occasion de se frotter aux réalités d'une autre religion, vécue de manière forte par ses adeptes:

" *J'ai vécu deux ramadans en chambrée avec trois Européens et onze Arabes.* " [145]

Ils peuvent en retirer une leçon d'ouverture dont il est difficile de mesurer les conséquences qu'elle a pu avoir sur l'application du concile de Vatican II[146]. Au-delà de la pratique religieuse, les appelés catholiques ont essayé d'appliquer au quotidien les valeurs chrétiennes telles que le respect de l'autre et le pacifisme.

2. Au nom de l'Evangile?

Après une scène de violence sur un cadavre, de la part d'un compagnon d'arme, l'un des séminaristes réagit :

" *Je voyais la bête humaine cachée en chacun de nous, et je me suis juré : tout homme a une dignité, ce sera ton message!* " [147]

Des jeunes catholiques s'efforcent de ne pas se laisser entraîner dans la haine de l'autre, de le respecter en tant qu'homme, de rester à l'écart des exactions. Il faut alors savoir faire preuve d'indépendance par rapport à l'action psychologique et aux réactions instinctives des camarades:

" *Et puis nous-mêmes, on réagissait. C'est difficile à expliquer, parce que c'est avec beaucoup de nuances. (...) S'il y avait un gars qui avait été ratissé (...), on ne pouvait s'empêcher de penser qu'il savait, qu'il avait participé aux massacres de la veille, qu'il aurait pu éviter en en parlant. On commence à distiller tout doucement autre chose. (...)Vous arrivez à ce moment à excuser certaines représailles. Pas à les excuser, mais à les expliquer. (...) Alors vous voyez, vous glissez petit à petit dans la peau de quelqu'un qui accepte la logique de la guerre.(...) Et ça, quand je m'en suis aperçu, ça m'a terrifié.* " [148]

Bref, il s'agit de faire la guerre en la faisant le moins possible, et cela au quotidien. Ainsi, ceux qui n'ont pas eu à tirer s'en réjouissent[149]. Ceux qui ont eu à tirer se réjouissent de n'avoir pas tué[150] :

" *Je suis très heureux de n'avoir pas eu à me servir de mon arme pour tirer sur quelqu'un durant mon service en Algérie. Quand on accepte de prendre une arme, la responsabilité est toujours lourde. On ne s'en rend compte que lorsqu'on se trouve dans une situation difficile. Je m'étais bien juré de faire très attention, et de ne tirer qu'en cas d'absolue nécessité : défendre ma propre vie, ou celle des copains, et si possible sans tuer personne. Aujourd'hui encore, je suis incapable de dire comment j'aurais réagi si j'avais été dans une telle situation. "* [151]

Contraints de faire une guerre qu'ils ne voulaient pas, appelant de leurs vœux la Paix, qui prend pour eux une majuscule, les appelés catholiques se sentent beaucoup plus à l'aise dans les tâches plus humaines, dans le cadre de la pacification : ouvertures d'écoles, campagnes de vaccinations, constructions de mechtas en dur... Ils font alors volontiers abstraction du fait qu'il s'agit de missions non dénuées de sens, puisqu'inscrites dans une action de " rétablissement de l'ordre ", c'est-à-dire en vue du rétablissement de l'autorité française. Ils s'appliquent à leur travail en considérant qu'il améliore les infrastructures du pays, ce qui ne peut qu'être positif quelle que soit la situation politique du pays à l'avenir. Ils se posent plus ou moins de questions, et relèvent parfois la contradiction, mais bien après :

" ...j'étais ballotté au gré des pressions de l'armée, complètement pris dans la phase où j'étais présent et qui consistait en deux opérations semblant contradictoires mais complémentaires : on faisait une guerre dure gagnée dans le djebel avec les horreurs les plus grandes, les tués, les blessés, les tortures ET EN MÊME TEMPS on pacifiait, on faisait l'école, on ouvrait des dispensaires, on soignait...la mauvaise conscience née de la sale guerre était contrecarrée par la bonne conscience de la pacification humanitaire! "

En général, ce type de travail humanitaire et constructif convient bien aux séminaristes. On sent d'ailleurs poindre ce qui pourrait être, outre une réalité, l'un des arguments donnés par l'armée pour le maintien de l'autorité française en Algérie, lorsqu'on entend affirmer que l'armée a contribué à sortir l'Algérie de la misère moyenâgeuse, en scolarisant les enfants du djebel et en regroupant les populations dans les constructions en dur :

" Le boulot le plus intéressant que j'aie fait, c'est avec les hommes, ce boulot à l'école et puis à l'AMG (Assistance Médicale Généralisée), parce que là, on a fait un boulot humain.(...) La vie dans leurs mechtas, c'était comme au temps des Gaulois chez nous, comme au Moyen Age. " [152]

La propagande militaire semble donc avoir fait son œuvre en profondeur. La formation catholique pouvait simplement apporter des éléments de réflexion, voire de contradiction, notamment en ce qui concerne le non-respect des hommes. Ainsi, les jeunes gens formés par l'Eglise étaient certainement assez bien prémunis pour réprouver la torture, dénoncée par leurs journaux, que ce soit *Témoignage chrétien* ou même *La Vie catholique illustrée*, et résister aux adages militaires tels que : " un copain, ça ne se pleure pas, ça se venge "[153]. Pour bien des militaires de carrière croyants, la torture recevait une justification " mathématique " : condamnable en elle-même parce qu'elle bafoue une créature de Dieu, elle devient nécessaire lorsque la vie des militaires français peut être sauvée par les renseignements tirés des suspects[154]. Il est vrai que lorsque des officiers demandaient des volontaires pour faire des interrogatoires " poussés ", peu se manifestaient. Cependant, il ne faut pas croire que tout était toujours si évident pour les jeunes catholiques, qui pouvaient être pris au dépourvu par cette guerre. Ainsi, un aumônier de la JOC dit avoir reçu des lettres de jocistes qui avaient pratiqué la torture et ressentaient le besoin de s'en ouvrir à quelqu'un. Néanmoins, les plus prévenus n'hésitent pas à dire que torturer à un interrogatoire aurait été hors de question, même mis devant le dilemme exposé plus haut. Il est bien difficile de savoir ce que valent ces affirmations, lorsqu'elles sont restées purement abstraites, mais on peut supposer que la dénonciation de la torture par certains catholiques, dont *Témoignage chrétien*, a pu avoir des effets sur la façon dont les appelés catholiques l'ont appréhendée, surtout lorsque ceux-ci étaient lecteurs de ce journal, ou appartenaient à un mouvement de jeunesse l'Action catholique.

Ces jeunes catholiques, qui avaient des convictions et des valeurs à défendre les ont parfois exprimées lorsqu'ils en avaient l'occasion.

C. Résistance passive et sensibilisation.

Le Père de L'Espinay décrit le séminariste comme " volontiers frondeur, volontiers " syndicaliste " et en révolte contre l'autorité "[155]. Les autres appelés catholiques sont parfois tout aussi exigeants : jocistes, religieux, routiers... L'autorité militaire en tout cas repère les plus " subversifs ", qui sont selon les cas mis à des postes où ils n'auront pas à affronter les violences de la guerre, ou bien qui ne leur permettront pas de " démoraliser " les soldats encore sains. Ainsi, un ancien scout a aperçu la petite mention qui figurait dans son carnet militaire, de la main du commandant en France, qui recommandait à ses collègues en poste en Algérie de ne pas le laisser en contact avec la rébellion. Tel jociste se retrouve dans une infirmerie, afin de ne pas pouvoir nuire : c'est pour lui l'occasion de " restaurer " les " fellaghas ", après interrogatoire et avant inspection, et donc de voir l'envers du décor de la manière la plus crue. Un autre, jociste également, reste en France pour toute la durée de son service militaire : il est considéré comme moins dangereux dans les casernes de Metz qu'en Algérie. Un séminariste de l'époque pense avoir été affecté en fonction de ses opinions :

" Peut-être le commandant a-t-il senti mon attitude ? J'ai été dès le départ en Algérie détaché pour faire l'école dans un CFJA (Centre de la Formation de la Jeunesse Algérienne) "

Le sentiment de l'absence de bien fondé de cette guerre, des cruautés qu'elle entraîne, viennent dans de nombreux cas après l'arrivée en Algérie, en particulier pour les séminaristes, qui sortent d'un monde clos, et qui servent fréquemment comme sous-officiers. Robert Beix raconte ainsi l'émouvante histoire de ce séminariste basque, qui arrive bien classé à l'école d'officiers de Cherchell, étant élève appliqué. Il part alors dans une unité de combat, comme aspirant. Nous sommes en 1956. Fin 1956, le scandale de la torture commence à être connu, et le séminariste en entend des échos. Il devient alors plus vigilant et soupçonne que la torture est pratiquée dans son régiment, ce qui est d'ailleurs de notoriété commune d'après Robert Beix. Le séminariste menace alors de rendre son galon, mais son commandant dément : le jeune homme accepte donc de rester. Il se fait tuer peu après dans une embuscade.

Le constat arrive néanmoins pour beaucoup certainement : il est parfois dur d'être chrétien dans cette guerre d'Algérie. Et pourtant, il faut tenir. Jean Muller, qui est parti comme rappelé et est donc un peu plus âgé, affirme cette nécessité :

" *J'ai toujours foi dans le Christ, mais je me demande jusqu'à quel point je puis rester complice de telles situations. Et si je me dérobe, il y aura un chrétien de moins pour leur montrer la voie.* " [156]

Les jeunes chrétiens qui veulent garder leur intégrité et partager leur expérience -celle de la vie en commun, de l'écoute, de l'examen de conscience- se regroupent, de manière informelle. Ces groupes d'amitié de jeunes chrétiens, qui se retrouvent dans leur manière de ne pas accepter tout ce qui se passe dans cette guerre, dans leur volonté de se mettre au service des autres, se constituent de manière spontanée, même si la JOC incite ses adhérents à en constituer. Un scout, choqué par le racisme et le mépris envers les Arabes, qui émanent même des appelés, trouve des membres de la JAC avec qui il se sent d'emblée des affinités; ils réfléchissent ensemble aux implications de cette guerre, et forment un petit groupe stable :

" *Il y avait un groupe en particulier avec qui j'ai accroché dès le départ, et puis c'est resté le groupe le plus solide pendant tout mon séjour...des jeunes garçons qui étaient issus de la JAC...alors là, des gars qui en général avaient une meilleure formation que moi, qui avaient une réflexion un peu structurée, qu'on n'avait pas dans le scoutisme...des gens (...) extrêmement droits.* " [157]

Il est à noter que la " droiture " morale est un critère de reconnaissance entre les jeunes catholiques, qui ne partagent pas tous au départ le même degré d'analyse politique.

Le témoignage d'un scout, ancien cœur vaillant, montre à quel point ces groupes pouvaient être hétérogènes : ils étaient quatre, lui, un frère jésuite, et deux autres, sans engagement particulier. Leur rôle n'est pas seulement la réflexion, c'est aussi et surtout le rapport aux autres : tous les quatre, ils essaient de rendre la vie des appelés plus humaine. Ils écrivent le courrier des fiancés, écoutent ceux qui dépriment :

" *Tous les quatre, on a passé du temps à consoler des mecs, à écrire à des mecs, on a été jusqu'à écrire des lettres aux fiancées. (...) On a fait quoi? On a uniquement apporté le témoignage de gens qui avaient déjà l'habitude de vivre en communauté avec des convictions chrétiennes. On n'a jamais fait de prêchi-prêcha, jamais.* " [158]

La réflexion et la militance restent pourtant essentiels. Ces petits groupes se veulent un peu la conscience des soldats avec qui ils partagent le quotidien de la guerre : ils parlent, montrent du doigt ce qui n'est pas humain et leur paraît incompatible avec l'enseignement de l'Evangile. Un séminariste faisait partie d'un tel groupe :

" *Je me souviens surtout des groupes de jeunes chrétiens que nous avions créés à l'armée et qui militaient pour une solution pacifique du conflit* ".[159]

Jusqu'où allaient l'engagement et la réflexion politique? Le premier groupe mentionné milite " pour une solution pacifique du conflit, tout en rejetant les invitations d'une certaine gauche à s'engager aux côtés du FLN ". Il ne s'agit donc en aucun cas d'aller contre la France. Le deuxième groupe reconnu par les supérieurs comme ayant de l'influence sur les hommes a été chargé de rétablir le calme à un moment où soufflait un vent de fronde. Il ne se fait donc pas non plus contre l'autorité militaire, même si des distances sont prises à son égard. Ils représentent simplement une présence catholique, qui réfléchit, pose les questions et tente de sensibiliser les appelés comme les supérieurs les plus accessibles à la discussion.

Néanmoins, tous n'ont pas la chance de rencontrer des compagnons de route. Certains marquent leur opposition de manière personnelle, par une résistance passive[160] qui peut être de plusieurs sortes. Elle peut consister en la lecture des journaux interdits, ce qui semble assez fréquent:

" *A l'époque,* Témoignage chrétien *était interdit à l'armée. Nous le lisions en cachette grâce aux aumôniers.* "[161]

Un autre précise qu'il lisait *Témoignage chrétien* et *L'Express* " sous le manteau ", un troisième se faisait envoyer des pages de la *Vie catholique*. Cela semble tout à fait anodin, mais dénote une volonté de ne pas se laisser abuser par l'information purement militaire. De plus, on pouvait être puni pour la simple lecture de *Témoignage chrétien*.[162]

Plus gênants, certains refusent de prendre des grades :

" *Ne pouvant éviter le service militaire, j'ai refusé cependant de prendre des grades pour marquer mon opposition -ce qui m'a d'ailleurs attiré pas mal d'histoires.* "[163]

ou s'abstiennent simplement de tout zèle :

" *Vu mon peu d'empressement aux choses militaires, j'ai terminé l'armée comme 1ère pompe.* "[164]

Il peut s'agir également de manifester son opinion plus ouvertement, et de vouloir contrer l'action psychologique, comme le font aussi les petits groupes déjà évoqués :

" *Action personnelle pour faire réfléchir les gradés et les copains à propos de pillages, vengeances, tortures (...) Les appelés du contingent (...) étaient victimes de l'action psychologique de l'armée et de réactions de vengeance face à des copains tués.* "[165]

Enfin, certains osent s'opposer de manière assez vive. Dans l'exemple suivant, le commandant et le colonel ont été d'accord avec le séminariste, et l'ont soutenu. Le prêtre qui écrit servait comme chef de bord de véhicule, lorsque les gendarmes avaient besoin d'une escorte :

" *J'avais repéré que les gendarmes agissaient de façon très injuste envers les Algériens. J'ai donc fait un premier esclandre, puis fait plier bagage à mon détachement, malgré les injonctions des gendarmes. Au retour, j'ai fait un rapport, les gendarmes aussi. Depuis Reggan, le colonel est venu voir ce qui se passait, le lieutenant commandant le camp m'a soutenu, et pour emmerder les gendarmes, ils ont décidé que chaque fois que ceux-ci demanderaient une escorte, je serais désigné pour prendre la tête du détachement.* " [166]

Parmi ces appelés qui ont manifesté seuls ou en groupe leur désaccord avec la guerre ou les façons de traiter les Algériens, il faut peut-être faire une place à part aux jocistes, dans la mesure où ceux-ci étaient encouragés par la JOC à s'opposer et à informer. Cependant, on ne peut perdre de vue non plus le fait que ceux-ci aient agi en collaboration avec d'autres jeunes catholiques. La JOC réactive son Service Soldats, déjà créé une première fois en 1939. Organisé de manière très souple, il a différents objectifs. D'une part, il veille à ce que les jocistes appelés ne s'ennuient pas. Toutes les données - nom, affectation - sont centralisées, afin que les jocistes puissent se mettre en contact les uns avec les autres. Les jeunes gens sont encouragés à visiter ensemble la région où ils se trouvent, ou à organiser des activités, telles que des soirées ou des petites rencontres sportives. Par ailleurs, les appelés reçoivent du courrier des jocistes déjà rentrés, et sont chargés de donner en retour leur témoignage, ce qui leur procure à fois soutien psychologique et aide à la réflexion à propos des implications de la guerre. Des bulletins sont édités, et une circulaire du Service Soldats du 15 janvier 1962[167] précise :

" *Par cette circulaire, nous voulons faire " coup double". D'abord, nous voudrions vous aider à réfléchir à réviser votre attitude face aux événements actuels, ensuite vous dire que vous êtes les seuls capables de nous informer vraiment des événements et de leur répercussion chez les militaires.* "

Les jocistes ne se contentent donc pas de mettre sur pied une vie sociale. Ils sont chargés de réfléchir et de faire part des informations utiles à la JOC. Ils sont formés à la " révision de vie " dont le détail est précisé dans la circulaire. Il s'agit de " Voir ", puis de " Juger ", et enfin d'" Agir ". Il est utile de s'arrêter sur le texte lui-même, qui éclaire la façon de penser qui a cours à la JOC. Après une évocation du climat de violence, est rappelée la nécessité d'être ouvert et à l'écoute de l'autre, qu'il soit militaire, pied-noir ou algérien, à travers la parole du Christ " Aimez-vous les uns les autres ". C'est ensuite dans le chapitre " Juger " de la " révision de vie " que réside le principal intérêt du texte pour nous, parce qu'apparaît en filigrane l'orientation que souhaitent donner les dirigeants JOC à la réflexion des jocistes du contingent. Les thèmes de réflexion sont :

" *Ce que tu penses et ce que les copains pensent (...)*

-du rôle que vous aurez à jouer pour l'application du cessez-le-feu et l'aide au peuple algérien dans son accession au droit à disposer de lui-même.

-De la menace du fascisme

-(...) Ce qu'en pensent le Christ et l'Eglise (Evangile, texte de l'ACA, différentes déclarations de la Hiérarchie). "

L'allusion au " droit des peuples à disposer d'eux-mêmes ", à la menace fasciste, et le fait de mettre le Christ devant l'Eglise, et l'Evangile devant les textes de l'ACA, placent sans ambiguïté l'orientation de la JOC du côté des chrétiens de gauche. Ce qui est donc attendu des appelés jocistes, c'est qu'ils réfléchissent dans cette optique.

Les militant jocistes sont très actifs même lors de leur service militaire. L'un d'eux chargé de " retaper " les Algériens victimes de tortures avant les inspections officielles les prend en photo pour montrer ensuite celles-ci dans une exposition de la JOC sur la guerre d'Algérie.[168] Un autre organise des " meetings contradictoires " dans les casernes de Metz, pour " démonter les propos du capitaine " qui accueillent chaque nouveau venu.[169] Ils essaient, autant que faire se peut, d'agir de concert avec les autres appelés :

" C'est à nous militants de susciter l'action, d'agir avec les gars, d'aider les responsables qui ne seront pas des militants mais ne pas prendre leur place (...) les gars sont capables, faisons-leur confiance et faisons des mises en commun avec d'autres militants (...). " [170]

Séminaristes, jeunes de l'Action catholique, ou scouts, ces jeunes catholiques ont donc traversé la guerre d'Algérie comme les autres appelés, mais avec peut-être quelques avantages. Ils avaient une solide formation catholique, qui a pu leur fournir des valeurs de référence humanistes, ou le soutien de la foi, lorsqu'ils ont eu à affronter les difficultés issues de cette guerre. Ils n'ont pas pour autant été immunisés, et ont, comme les autres, été marqués à des degrés divers.

III. LE RETOUR SOUS LE SCEAU DU SILENCE.

A leur retour en France métropolitaine, les appelés, chrétiens ou non, parlent peu et ont en général du mal à le faire. Claude Liauzu montre à quel point le silence et l'isolement sont un stéréotype de ceux qui " ont eu vingt ans dans les Aurès "[171]. C'est néanmoins aussi un phénomène largement vécu, même s'il est peut-être exagéré. Ce silence n'est pas uniquement le fruit de la " honte " et de la souffrance, comme le veut le stéréotype. C'est d'abord l'impression d'avoir vécu quelque chose de trop différent et trop intense pour être compris, bien que le sentiment d'avoir vécu un événement peu glorieux et mal reconnu soit également fondamental pour comprendre ce silence.

A. Un grand silence qui n'est pas synonyme d'oubli.

Quand ils rentrent, les jeunes catholiques, comme les autres soldats du contingent, ont l'impression de ne pas pouvoir se faire comprendre : d'une part parce que ce qu'ils ont vécu en Algérie était très différent de leur quotidien en métropole, et très intense, d'autre part parce qu'eux-mêmes n'avaient pas tous démêlé l'écheveau de ce qu'ils avaient traversé :

" J'en parle très rarement. Il faut un cas extrême. L'impression d'incompréhension, ça c'est clair. Il y a toujours un tas de nuances que j'aimerais faire passer, mais je ne peux pas parce que c'est pas clair ; ça m'avait frappé au retour. On était quand même traumatisés, je crois que c'est le terme. Et la question " alors, ça s'est bien passé? -oui. -Ah ben, ça a été vite!", ça me foutait dans des rages...Alors petit à petit, j'ai arrêté d'en parler, et il aurait fallu en parler. " [172]

Un autre témoignage montre à quel point l'expérience algérienne est restée pour longtemps non élucidée pour nombre de ses acteurs:

" *Je fais état de ce qui m'a marqué depuis quelques années seulement.* " [173]

Pourtant, ce silence ne vient pas seulement de l'incapacité des jeunes gens à raconter, mais aussi, et peut-être plus fondamentalement, de l'impossibilité d'être vraiment écoutés.[174] Le silence ne s'est levé pour beaucoup qu'une trentaine d'années plus tard, grâce aux films et publications sur le sujet :

" *Que nous ayons connu putsch, FLN, OAS, routine de la vie de caserne, amitiés nouvelles profondes, solidarités, angoisses, peur, découverte de la politique (...), cela n'a intéressé personne. Il a fallu attendre les dernières années, c'est donc 35 ans pour que l'on ait l'air de s'intéresser à ce que nous avions vécu en Algérie.* " [175]

Claude Liauzu fait le lien entre cette impossibilité d'être entendu et l'absence d'une place pour la guerre d'Algérie dans la mémoire des Français[176]. On retrouve en effet un lien entre le silence et l'absence d'une quelconque gloire pour les anciens combattants d'Algérie, ce qui les a incités à se taire. Cette dimension est très visible dans certains témoignages :

" *Reste qu'après ce temps en Algérie, qui nous a marqués au fer rouge, ce fut le silence, le grand silence durant plus de 30 ans! Pourquoi? Sinon la certitude que nous avions écrit une page pas très glorieuse de notre histoire...* " [177]

"Notre histoire " concerne la mémoire collective, et non la mémoire individuelle. Les témoins sentent que leurs récits sont les mal venus pendant ces années :

" *Beaucoup de choses (...) qu'on n'a jamais dites, mais déjà parce que pas très fiers du sale boulot que l'on nous a fait faire, une page que le pays voudrait aussi oublier...* " [178]

Pourtant, si ce malaise et ce silence ne sont pas le fait des seuls catholiques, on peut se demander si ces derniers ne les ont pas ressentis avec plus d'acuité. Les séminaristes en particulier ont pu remettre en question leur vocation après avoir traversé cette guerre. Il y a eu des défections au Grand Séminaire de Nancy. Il est cependant difficile d'évaluer la part de ce qui est dû à une crise de conscience provoquée par la guerre elle-même, et celle de l'attraction de la liberté goûtée lors du service militaire. L'obligation militaire est d'ailleurs une étape traditionnelle où les jeunes hommes se posent une dernière fois la question de leur vocation[179]. En fait, la crise de conscience est bien réelle, mais aboutit rarement à un abandon total des anciennes convictions, et contribue plutôt à la naissance d'un esprit plus critique à l'égard des institutions[180].

Mais les jeunes gens parent au plus pressé à l'heure du retour, sans toujours se poser trop de questions. Il faut se réintégrer dans la vie quotidienne de la métropole : trouver un travail et retrouver les mouvements catholiques, ou retourner au séminaire.

Ceux qui travaillaient avant de partir, ou qui sont à leur retour prêts à travailler, sont pris par la recherche d'un emploi, qui peut faciliter l' " oubli " temporaire. Ainsi, à la question " En revenant d'Algérie, repensez vous encore à cette guerre ? ", un témoin, qui avait vécu un service peu traumatisant il est vrai, répond qu'il avait à l'époque comme priorité la recherche d'un travail et qu'il s'est par conséquent " surtout occupé de ça ". Pour un autre jeune homme qui se remet à travailler, le passage est plus difficile : fortement marqué, il passe deux mois sans revoir personne ni rien entreprendre.

Il faut en tout cas trouver à s'occuper : les militants des mouvements catholiques reprennent aussitôt leur activité. Pour la plupart, cette reprise se passe bien. Cependant, après les épisodes du service en Algérie, l'un des témoins rompt avec les scouts de Nancy, parmi lesquels il avait pourtant la plupart de ses amis avant de partir. Il n'accepte plus la " langue de bois " qui est de rigueur chez les scouts au nom de l'unité.[181] Son attitude reste pourtant rare, si l'on en croit l'interprétation par l'IRESCO[182] d'une enquête faite par les mouvements de jeunesse en 1959-1960, qui conclut à un effet " négatif " minime de la guerre d'Algérie, la plupart des jeunes restant attachés à leurs convictions et à leurs organisations. Retrouver une activité dans les mouvements a pu être salutaire pour certains.

Pour les séminaristes se pose le problème du retour au séminaire, décrit comme un lieu de retrait du monde, confiné. Certains ont laissé tomber le Grand Séminaire et ceux qui se souviennent de ces anciens camarades supposent que c'est " en partie à cause de la guerre d'Algérie ". Pour les autres, il a fallu composer. Des séminaristes ont voulu s'octroyer un temps de transition, pour passer de la guerre au séminaire. Ainsi, l'un d'eux demande " une double affectation " qui lui permettait de finir son service en France, pour "se réacclimater à la vie en métropole avant de reprendre [ses] études dans l'austérité du séminaire et ménager ainsi une transition "[183]. Un étudiant au séminaire de Paris demande un temps de répit à son supérieur, qui répond par l'indifférence :

" ...je me rappelle au retour en septembre 62, j'ai téléphoné ou écrit au supérieur du séminaire de Paris en lui disant que j'avais besoin d'un peu de temps pour reprendre pied dans ma vie (...). Il m'a répondu:"eh bien, mon cher X..., nous vous attendons le premier octobre"(jour prévu pour la rentrée), et nous n'en avons jamais parlé. Je rentrais au séminaire mais après l'avoir quitté comme si rien ne s'était passé. "[184]

Les responsables des grands séminaires n'ont sans doute pas réalisé ce qu'avaient vécu leurs pensionnaires, peut-être parce qu' " on ne voulait pas savoir ", parce qu'il était plus commode de " tout oublier du jour au lendemain "[185]. Au séminaire, la vie doit reprendre comme si de rien n'était. Pourtant, les séminaristes ont mûri et acceptent mal d'être encore traités comme des enfants :

" Au séminaire, il faut se remettre dans le moule. On nous traitait toujours comme des petits garçons (...) Quand vous rentrez, que vous avez eu des responsabilités, et qu'il faut revenir dans le moule... "[186]

La vie du séminaire est extrêmement réglée, les interdits sont nombreux et semblent désuets, inappropriés aux appelés qui reviennent et ont perdu l'habitude de toutes ces contraintes. Au séminaire de Metz, ceux-ci contestent l'ordre établi :

" Je me rappelle qu'en revenant au séminaire en octobre 61, il y a eu une révolte contre les méthodes autoritaires de notre supérieur qui nous a traités de "fellaghas"...suprême injure... " [187]

La plupart[188] semblent donc revenir marqués par l'Algérie. Il y en a bien qui passent à travers la guerre sans se poser de questions. Faut-il y voir un manque d'ouverture d'esprit ? En tout cas, le manque de formation politique est incriminé. Cette dernière faisait totalement défaut dans la formation dispensée aux séminaristes:

" -La guerre d'Algérie vous a - t - elle marqué? Pourquoi?

-Non, pas sur le moment. En effet, nous étions jeunes et idiots...<u>pas informés, ni formés politiquement.</u> " [189]

A l'inverse, quelques-uns uns reviennent traumatisés, et n'en parlent toujours pas. Un ancien responsable jociste se rappelle deux ou trois copains qui en ont " perdu la boule ". Un prêtre raconte qu'on entendait crier la nuit des séminaristes de retour d'Algérie encore des années plus tard. Les catholiques ont-ils été d'autant plus vulnérables qu'ils étaient idéalistes ? Ou certains ont-ils mieux fait face à l'horreur parce qu'ils étaient mieux préparés pour l'affronter, par des idéaux de courage comme ceux qui avaient cours chez les scouts ? Il est difficile de faire la part des choses.

En fait, dans la plupart des témoignages, les jeunes gens sont marqués d'une manière plutôt positive, et le restent. Ils ont découvert un pays attachant pour lequel ils gardent un amour profond et durable. Les Algériens attirent leur sympathie, et c'est ainsi qu'un scout nancéien, Maurice Noirel, décide après son service militaire de se mettre à la disposition des Algériens dans un centre de service routier comme " éducateur de base "; son exemple est connu parmi les scouts nancéiens car il s'est fait enlever alors qu'il était " scout, civil, contre la guerre forcément et dans un but de service musulman "[190]. L'un des séminaristes affirme que sa génération a gardé l'Algérie " dans le sang ", " dans la peau ". Pour lui, en dépit de la guerre, cette période reste comme extraordinaire, à cause des enfants, de l'école, du pays. Un autre, qui a été éducateur, s'est pris d'affection pour les jeunes Algériens du centre de formation :

" Depuis ce temps-là, je peux dire que j'aime ce peuple algérien, que je donnerais tout pour revoir un de ces jeunes à qui j'ai fait l'école. "

Cette façon de vivre l'expérience algérienne n'a rien de spécifiquement catholique. Elle a pu être vécue cependant avec une intensité particulière par les séminaristes, qui étaient restés jusque là relativement coupés du monde, alors que leur vocation leur commandait d'être ouverts à leur prochain. D'ailleurs, la promotion des prêtres ordonnés en 1965 est retournée en Algérie en février 1990, invitée par Mgr Pierre Claverie, évêque d'Oran. Un prêtre dit être depuis ce temps profondément influencé par le monde arabe, qui continue à susciter son intérêt, et dans lequel il a fait de nombreux séjours[191]. Il n'est pas étonnant que ces " anciens d'Algérie " soient particulièrement sensibles aux massacres qui ont lieu aujourd'hui dans ce pays.

Par ailleurs, le séjour en Algérie a été en quelque sorte initiatique, et continue à être un point de référence tout au long de leur vie.

B. Une expérience fondatrice.

Les jeunes hommes qui partent reviennent mûris. Certains évoquent tout d'abord les horreurs dont ils ont été témoins, et qui leur en ont appris long sur les hommes en général. Un jociste déclare laconiquement que " soixante morts à mettre en cercueils, ça mûrit ".[192] Ceux qui ont vu de telles choses ont " vu et su que l'homme n' " est pas toujours grand, qu'il y a même en lui une bête qui sommeille ". En deçà du pire, la guerre d'Algérie a été une école de vie, de par la diversité des gens rencontrés, des camarades du contingent aux pieds-noirs en passant par les militaires de carrière et les Algériens, par la diversité de leurs points de vue, de leurs mentalités aussi. Pour les futurs prêtres, l'apprentissage est bénéfique :

" Cette attention de la vie des personnes m'a fortement aidé dans le ministère que j'ai eu à exercer au cours de ma vie. " [193]

Certains soulignent que la guerre d'Algérie les a rendus plus engagés auprès des " faibles et des opprimés " :

" C'est quand même là, dans ce flou, que j'enracine mes premières convictions d'un engagement nécessaire pour essayer de ne pas être complice de l'injustice quelle qu'elle soit, pour la dénoncer...et pour soutenir la cause des faibles et des opprimés. " [194]

La guerre d'Algérie a-t-elle formé des prêtres plus sensibles aux problèmes sociaux? C'est difficile à savoir, surtout dans la mesure où la tendance est en train de se dessiner au Vatican, où se prépare le Concile de Vatican II[195].

D'une manière générale, les jeunes catholiques qui sont partis et ont eu des responsabilités (les séminaristes en particulier, du fait de leur niveau d'études, sont souvent passés par l'école d'officier), ont appris le sens de l'organisation et des responsabilités, qui a pu leur être utile dans bien des professions.

" ...ayant eu à exercer des fonctions de chef de poste et à commander une trentaine de soldats, j'ai pu découvrir le sens de la responsabilité, y compris dans des situations de risque. J'ai eu la chance d'avoir à gérer la vie d'un village et j'ai acquis une expérience de gestion, d'organisation des tâches et de sens de l'homme... "

D'après un jociste, c'est grâce aux responsabilités prises à la guerre, puis à la JOC, qu'il a pu prendre des responsabilités dans son travail.

Mais ce qui caractérise aussi les adultes qui ont fait la guerre d'Algérie, c'est peut-être un certain scepticisme quant à la vie, et un certain éloignement par rapport aux institutions politiques et religieuses. Ils se disent moins sereins que leurs contemporains qui ont échappé à cette guerre d'Algérie[196]. Les idées reçues sont mises en question, au profit du doute[197] :

" J'ai lâché mes certitudes pour devenir chercheur en humanité. J'ai découvert aussi que rien n'est simple, et qu'il faut beaucoup étudier avant d'émettre des jugements. " [198]

C'est parfois pour eux la fin d'un certain idéalisme, parce qu'ils mesurent le fossé entre les idées généreuses et leur application :

" *Ça a été la grande découverte de ces années là : c'est que d'une part, je peux avoir mes convictions, mais bien souvent elles sont battues en brèche par mes propres actes.* " [199]

Les institutions de l'État et de l'Église sont remises en cause, les anciens appelés découvrent le conservatisme propre à ces structures:

" *Il fallait du temps pour changer les idées, lesquelles sont très résistantes à tout changement...Et depuis je l'ai vérifié combien de fois dans la vie politique et aussi dans l'Église.* " [200]

Les militaires fustigeaient les politiciens qui les faisaient combattre pour rien, puisque la France, en dépit d'une guerre " gagnée militairement ", a " abandonné " l'Algérie. Cette logique paraît être reprise par les anciens appelés : ils s'en prennent rarement à l'armée, et c'est toujours l'incapacité des hommes politiques à en finir avec cette guerre qui est accusée. La politique est décrite à plusieurs reprises comme un " panier de crabes ", les hommes politiques comme des " politicards véreux ".

Plus intéressante en ce qui concerne les catholiques est la remise en cause de l'Eglise en tant qu'autorité indiscutable. Cette prise de distance peut être plus ou moins prononcée : une seule personne parmi les témoignages reçus est devenue athée[201] ; des séminaristes ont quitté le séminaire et renoncé à la prêtrise ; d'autres ont simplement cessé de considérer que la hiérarchie est infaillible :

" *D'une façon générale, je trouve que les liens entre l'Église et la modernité sont souvent conflictuels...et j'ai appris à ne pas suivre aveuglément une institution...* " [202]

A propos des effets de la guerre sur la foi catholique, une enquête de *La Vie catholique* sur la " génération du djebel "[203] conclut à une " très grande stabilité spirituelle ", et si " certains ont perdu la foi ", d'autres l'ont trouvée. Ce constat se trouve corroboré par l'enquête réalisée pour ce mémoire. Une seule personne, déjà évoquée plus haut, a perdu la foi. Mais, par ailleurs, un jeune homme qui s'était engagé dans la marine pour trois ans devient prêtre après bien des tâtonnements, faisant cheminer lentement sa réflexion " entre les discours de certains officiers sur la défense de la civilisation occidentale et chrétienne, les manifestations pour l'indépendance de l'Algérie, les divisions des Français ".

CHAPITRE 3
DES MINORITÉS MILITANTES.

Contrastant avec l'Eglise officielle, qui s'écarte prudemment de toute polémique, et avec une grande majorité des Français, des catholiques ont choisi de s'opposer à la guerre d'Algérie, ou, au contraire, de défendre activement le maintien de l'Algérie dans la France. Même lorsque le terrain est politique, les convictions religieuses jouent leur rôle ; et les différentes options politiques accompagnent des conceptions religieuses distinctes.

I. LE MILIEU OUVRIER CATHOLIQUE.

Le milieu ouvrier reste un terrain d'évangélisation. Les catholiques n'y sont pas nombreux, mais certains ont eu des attitudes peu communes pendant la guerre d'Algérie. Les catholiques qui militent dans le monde ouvrier se répartissent entre la JOC, l'ACO[204] ; au niveau syndical ils ont leur carte à la CFTC et pour certains, à la CGT, lorsqu'ils considèrent, comme les prêtres du Pays-Haut, que l'engagement doit se faire aux côtés de la classe ouvrière tout entière, dans le syndicat le plus représentatif. La sensibilité des travailleurs à la guerre d'Algérie passe d'abord par une prise de conscience des inégalités dont est victime le collègue nord-africain, algérien souvent, qu'ils côtoient. Ces ouvriers immigrés, recrutés par ceux qu'on appelle des "marchands d'hommes "[205] sont sous-payés, vivent dans des dortoirs, n'ont pas les droits sociaux des Français. L'opposition à la guerre d'Algérie progresse aussi à cause de l'envoi du contingent en Algérie et de la prolongation du service militaire, qui affectent les familles ouvrières en les privant d'une part de leurs ressources. La conscience s'aiguise avec l'arrivée au pouvoir du Général de Gaulle, car la prise de position sur la guerre va alors de pair avec la défense des libertés démocratiques.

A. L'avant-garde jociste.

La JOC subit de plein fouet la guerre puisque les jeunes travailleurs qui la composent ne bénéficient pas de sursis. Ils ne sont donc que de passage à la JOC locale. Une activité intense est pourtant maintenue grâce aux aumôniers et à un noyau de militants, restreint mais très actif. Il est d'ailleurs intéressant de noter que ces aumôniers engagés auprès des travailleurs et ces quelques militants jocistes forment un véritable réseau de relations: ils se connaissent bien et s'apprécient. Parmi les aumôniers, certains mènent une action personnelle contre la guerre d'Algérie. Le sermon d'Hussigny par l'Abbé d'Arbonneau a déjà été évoqué[206]. Ces aumôniers entraînent les jocistes à la réflexion, et sont très proches des militants les plus engagés.

Un fossé sépare l'avant-garde jociste des adhérents peu impliqués. En outre, même parmi les militants les plus engagés, on retrouve la division existante entre MLO et MLP, entre ceux qui veulent se cantonner au domaine purement social, et les autres, qui choisissent de prendre position aussi sur des thèmes politiques. Jean L fait partie des ces derniers. Outre son activité dans les casernes de Metz[207], il agit de concert avec d'autres jeunes, en marge de la JOC et en faveur des Algériens vivant en France. Lorsqu'il est à Paris pour assurer sa responsabilité nationale à la JOC, il met en place un petit système avec quelques autres initiés pour "rafistoler " les Algériens passés à tabac par des compatriotes. Après la guerre, de retour à Neuves-Maisons, il s'emploie à faire réembaucher un membre du FLN qui avait été accusé de meurtre et licencié au moment des rivalités entre FLN et MNA. Il se bat pour la cause des travailleurs algériens jusqu'en 1978.

Cependant, si le degré d'engagement des plus militants est méconnu de la plupart des jocistes, la rupture n'est pas totale. La grande préoccupation de l'avant-garde jociste est en effet d'abord de sensibiliser les jeunes travailleurs et les jocistes, à travers réunions, publications, réflexions et expositions.

B. Accélération de l'évolution de la CFTC sous la pression de la guerre d'Algérie.

Lorsque débute la guerre d'Algérie, la CFTC est un syndicat qui veut donner aux problèmes ouvriers des solutions chrétiennes. Il ne prétend pas faire de la politique, au contraire de son adversaire, la CGT[208]. Cependant, une minorité, regroupée autour de la revue *Reconstruction*, réclame un syndicat plus autonome, et qui n'hésite pas à prendre position sur le plan politique, dans la mesure où il doit défendre la classe ouvrière. Les années de la guerre d'Algérie voient le développement de ce deuxième courant, qui devient majoritaire puis mène la CFTC à la déconfessionnalisation et à la création de la CFDT, en 1964.

1. Une CFTC en voie de déconfessionnalisation.

Les deux courants, minoritaire et majoritaire correspondent grossièrement à des différences de générations, et de catégories socioprofessionnelles. Les majoritaires sont principalement les syndicalistes de l'ancienne génération, celle des années trente, qui se retrouvent souvent dans les idées de la démocratie chrétienne, du MRP, et sont favorables au Général de Gaulle lorsqu'il revient au pouvoir. Les employés y ont un grand poids. Ils représentent avec les cadres du secteur privé 61% des conseillers, en 1954, pour l'UD de Meurthe-et-Moselle[209]. A cette génération de travailleurs âgés de 50 à 60 ans succède peu à peu celle des 23-28 ans, qui entrent dans le syndicalisme dans les années cinquante. Ce seraient surtout ces jeunes syndiqués qui constitueraient le courant minoritaire. Ils sont issus pour une bonne partie d'entre eux de la JOC, voire du scoutisme.[210] Ils préconisent un syndicalisme plus ouvrier, plus engagé sur les problèmes politiques aussi. Leur position est plus à gauche et ils sont hostiles à la Cinquième République comme à la guerre d'Algérie. Tous les minoritaires ne sont pourtant pas particulièrement sensibles au problème de la décolonisation, lorsque la guerre d'Algérie éclate, mais la prise de conscience de l'enjeu qu'elle représente pour la CFTC se fait assez vite, dès 1956[211]. En Lorraine particulièrement, les positions minoritaires sont surtout le fait du SGEN, qui regroupe les enseignants, et des syndicats de la Métallurgie.

Parallèlement, les années cinquante et soixante sont marquées par l'expansion de la CFTC, qui s'implante en particulier dans de nouvelles branches, industrielles surtout, grâce à un patient travail des militants. Les ouvriers gagnent alors du terrain sur les employés qui dominaient particulièrement en Lorraine.

L'exemple de l'UD de Moselle est très significatif à cet égard. Dans ce département, la CFTC est, en 1950, le premier syndicat devant la CGT. Or entre 1950 et 1958, le nombre d'adhérents est multiplié par huit, au profit des minoritaires. Le débat prend alors une tournure plus politique, surtout après 1958.

En Meurthe-et-Moselle, la CFTC a gagné des adhérents en particulier dans le secteur de la métallurgie, dans lequel l'adhésion à la CFTC est moins un acte de foi religieuse qu'une manière de se syndiquer ailleurs qu'à la CGT.[212] L'équipe fédérale majoritaire est peu à peu relevée par une équipe minoritaire, entre 1959 et 1962. A cette date, le dirigeant porté par la " majorité ", Pierre Colin, démissionne de ses fonctions de secrétaire général de l'UD de Meurthe-et-Moselle. Dans le bureau de l'UD, entièrement minoritaire en 1962, trois des quatre membres sont issus de la sidérurgie.

Les thèmes d'opposition à la guerre d'Algérie sont de différentes natures. L'argument est d'abord économique, car l'effort militaire représente la ponction de "centaines de milliers de jeunes [qui] au lieu d'être occupés à produire des biens pour améliorer la situation des familles, sont employés à faire la guerre ". Il est par ailleurs moral : les minoritaires dénoncent la torture, les violences dégradantes. Michel Branciard souligne que les langages utilisés peuvent être très différents, même entre les membres de la "minorité ", car "il est plus facile de sensibiliser les enseignants aux problèmes de la torture que les travailleurs du bâtiment ou des métaux, plus sensibles aux conséquences économiques de la poursuite de la guerre "[213]. Enfin, l'argument qui, sans conteste, aboutit à un élargissement de l'opposition à la guerre est la défense de la démocratie. Les thèmes de l'opposition à la torture et de la sauvegarde de la démocratie s'appuient sur la défense de la dignité humaine et de la liberté. L'héritage est à la fois celui du christianisme et de la révolution française. Ainsi, un article de *Libération ouvrière* rappelle les valeurs défendues par la CFTC, qui sont un idéal de "paix et de fraternité ", et "la DIGNITE de l'homme, quelles que soient sa couleur, sa race, sa religion, sa culture ", "dignité qui donne aux hommes, à tous les hommes, à tous les peuples, le droit de déterminer eux-mêmes, librement, leur destin ". Les références à la Déclaration des droits de l'Homme et du Citoyen de 1789 (et à la Déclaration universelle des droits de l'homme de 1948, pour ce qui est du droit des peuples) au même prix qu'au respect des créatures de Dieu et à la Paix sont évidentes.

Les minoritaires convertissent peu à peu la CFTC à leurs idées, notamment à propos de la guerre d'Algérie.

2. Une prise de position de plus en plus déterminée.

Dominique Labbé note qu' "en Lorraine, il est probable qu'une telle "politisation " a pu heurter une partie des adhérents et de l'électorat ". De fait, la conversion des adhérents est longue et s'accompagne d'un important travail d'information. En Moselle, le journal *Liberté ouvrière* accompagne chaque décision, ou prise de position, d'une justification, telle que celle qui suit :

" *Le seul aspect humain, ajouté aux conséquences politiques, économiques et sociales, justifie amplement la grande campagne d'information et d'action organisée par la CFTC pour mettre fin à la guerre d'Algérie.* " [214]

Dans le Pays-Haut, on devine que les employés sont plus difficiles à convaincre que les ouvriers du bien fondé de prises de position politiques. Ainsi, encore en 1962, *Maîtrise*, qui s'adresse aux cadres, aux agents de maîtrise et aux employés, explique pourquoi il faut prendre position contre les violences de l'OAS et de l'Etat, alors qu'à la même époque, *Action*[215], qui touche un public plus ouvrier, proteste sans toutes ces précautions contre les huit morts du métro de Charonne lors de la manifestation à laquelle la CFTC a participé, et fait référence à un article paru dans *L'Express*.

Les prises de position au niveau confédéral sont le résultat de ces compromis, et c'est sous la pression des événements qu'elles se font plus décidées. Ainsi en 1956, la CFTC se contente de réclamer l'égalité de tous les droits pour les Algériens. C'est surtout à partir de la dégradation du pouvoir civil français, puis avec l'arrivée au pouvoir du Général de Gaulle, que les positions se font plus nettes sur l'Algérie. Le conflit est alors vu comme une menace qui pèse sur la démocratie. C'est ainsi que le principe d'autodétermination est approuvé en 1958 par les dirigeants de la confédération. Pourtant, la CFTC ne participe pas avec la CGT aux manifestations qui suivent le 13 mai, mais défile au contraire avec FO qui partage son rejet de la rivale communiste. Ce n'est que plus tard, suite à la semaine des barricades, que la CFTC s'associe aux autres centrales pour des arrêts de travail d'une heure, qui ont pour objectif de protéger les libertés démocratiques.

Enfin, face à la vague d'attentats de l'OAS de 1962 en métropole, le ton change. La CFTC est aux côtés de la CGT[216], de la FEN et de l'UNEF. Des rondes en voiture et des gardes sont organisées devant les locaux de la CGT et de la CFTC pour empêcher les plasticages. Ces derniers sont effectivement visés à plusieurs reprises par l'OAS. Il faut dire que les idées de la "minorité " ont largement pris le dessus en 1962.

C. Les porteurs de valises.[217]

Le réseau Jeanson[218] est démantelé au début de l'année 1960, et une grande partie de l'opinion publique condamne ceux qui aident le FLN à réunir l'argent pour acheter des armes destinées à "tuer les jeunes Français "[219]. Même *Témoignage Chrétien* se montre réticent envers cet engagement extrême, car il ne faut pas confondre tous les "citoyens protestataires " ; et "concourir réellement et directement à l'action militaire du GPRA, c'est bon gré mal gré rompre avec la nation française"[220]. Ce jugement presque unanime à l'égard de ceux qui se mettent au service direct du FLN met bien en valeur le fait que, pour les opposants catholiques à la guerre d'Algérie, le conflit est vécu essentiellement comme une affaire franco-française : il s'agit d'accorder la politique française avec les Droits de l'homme dont la France se veut porteuse, mais nullement de venir au secours des Algériens au détriment du colonisateur. On retrouve les " dreyfusards " de Vidal-Naquet, pour lesquels " la dimension française, et même patriotique, était fondamentale ", et qui, " à la limite (...), se préoccupaient davantage (...) des bourreaux que des victimes "[221].

Et pourtant, ces porteurs de valises ont pu être des catholiques exigeants avec eux-mêmes. Le professeur Mandouze[222], qui mène depuis Strasbourg une action en faveur de l'autodétermination, fait des tournées de conférences qui lui servent aussi à recruter pour l'ex-réseau Jeanson. C'est au cours de l'une de ces conférences, dans la vallée de la Fensch, que Pierre V est sollicité pour héberger un militant du FLN. Par conviction religieuse, et parce qu'il se souvient des familles qui ont hébergé des juifs pendant la guerre, il accepte. Il sert aussi de boîte aux lettres du FLN. Il ne réalise cependant pas encore qu'il est appelé à devenir aussi "porteur de valises ". Il propose aussi sa voiture pour conduire l'Algérien qui réside chez lui là où il le souhaite. C'est peu à peu qu'il se rend compte qu'il ne fait pas seulement office de chauffeur, mais qu'il transporte également une valise contenant les collectes faites dans la vallée de la Fensch par les nationalistes algériens. Quand il en réalise l'ampleur, Pierre V ne regrette pas son engagement. Il continue à porter des valises jusqu'à ce que, fin 1961, des perquisitions soient faites à Paris et qu'un fichier avec les noms et adresses des membres du réseau soit saisi. Un an et demi vient alors de s'écouler pendant lequel il a hébergé le militant du FLN et transporté l'argent. Pierre V est condamné à quatre mois de prison, et à cinq ans de privation de droits civiques. C'est par conviction chrétienne que ce militant ouvrier classique, qui a été adhérent au MLP, à l'UGS, puis au PSU, membre de l'ACO, et délégué à la CFTC, a choisi de s'engager jusqu'au bout dans ce qu'il estimait être juste, quitte à en subir les conséquences. Il ne faut pas oublier cependant que si bien des porteurs de valises agissent au nom la morale chrétienne, d'autres obéissent à des convictions simplement philosophiques ou politiques[223].

II. L'EXISTENCE D'UN MILIEU ÉTUDIANT CATHOLIQUE TRÈS POLITISÉ.

Un milieu étudiant assez important est présent à Nancy. Or , il existe parmi ces étudiants une petite minorité anticoloniale, en partie catholique, et déjà dessinée par la guerre d'Indochine. Cette minorité gagne de l'audience au cours de ces années, jusqu'à rallier une grande partie des étudiants à ses convictions.

Les bâtiments des différentes facultés sont concentrés dans le vieux Nancy, ou à proximité ; ce qui facilite l'existence d'une vie étudiante commune aux différentes disciplines. Deux organisations sont numériquement importantes et structurent le milieu étudiant : l'UNEF et le Groupe Catho.

Les étudiants catholiques se retrouvent en grand nombre au Groupe Catho[224], qui est rattaché à la FFEC[225]. Les préoccupations de ce groupe sont, et restent tout au long de la guerre d'Algérie, essentiellement liturgiques[226]. Ses adhérents sont d'opinions très diverses, tant au point de vue de la place que doit occuper la religion dans la vie temporelle - les moins laïques se dirigent vers l'enseignement libre - qu'à propos de la guerre d'Algérie. La plupart d'entre eux sont sans doute plutôt " Algérie française ", mais coexistent avec quelques étudiants favorables à l'indépendance.[227]

L'AGEN, Association Générale des Etudiants de Nancy, regroupe à Nancy les étudiants de l'UNEF, syndicat auquel la plupart des étudiants adhèrent. La sensibilité de l'UNEF est en 1955 plutôt à droite: l'apolitisme y est de rigueur, au profit du seul corporatisme et au détriment de toute réflexion commune sur l'actualité politique. Mais cette tendance est bouleversée sous la pression de la guerre d'Algérie et d'une minorité très active, constituée en particulier par les étudiants de la JEC (Jeunesse Etudiante Chrétienne).

A. Etudiants catholiques et opposition à la guerre d'Algérie.

A partir d'un petit noyau de militants déjà convertis aux thèses de l'anticolonialisme, en particulier les jécistes pour les catholiques, l'opposition à la guerre d'Algérie gagne du terrain parmi les étudiants. Ceux-ci s'initient bien souvent à la politique à travers les débats que suscite le conflit colonial.

1. La JEC : l'engagement des étudiants catholiques dans la cité.

Dans cet univers plutôt conservateur, un groupe restreint a joué un rôle essentiel, bousculant le paysage politique étudiant. Il s'agit de la JEC, qui est le mouvement de l'Action catholique pour les étudiants, et qui regroupe des catholiques soucieux de trouver une application des valeurs chrétiennes dans la cité. Une réflexion très active y est menée par les étudiants, autour de la guerre d'Algérie. Ce n'est pas l'aumônier qui apporte ses idées : il suit avec un peu de réticence, mais avec attention, le cheminement politique des étudiants. L'Abbé Colin occupe ce ministère de 1954 à 1964. Un ancien étudiant se souvient de lui comme étant préoccupé par ce que pensent les jeunes gens, vaguement inquiet quant à la radicalité des opinions exprimées par les jécistes. Il semble que sa préoccupation pour la guerre d'Algérie provienne avant tout de celle qu'il a pour les étudiants dont il a la charge. Ainsi, à la question " la guerre d'Algérie vous-a-telle marqué? Pourquoi? ", il répond :

" *La guerre était au cœur du milieu étudiant :*

-la politique y avait une grande place

-étaient particulièrement concernés ceux qui devaient faire leur service militaire. "[228]

Il dit avoir été dans le camp de l'indépendance, mais tout en rejetant les discours tenus dans *Témoignage chrétien*, peut-être trop catégoriques, ou simplement trop précoces. Il est donc beaucoup plus modéré que les jécistes, qui ont des positions plus affirmées.

Si le rôle intellectuel de l'aumônier de la JEC est minime, il est en revanche un homme qui marque profondément les étudiants catholiques à la recherche d'un catholicisme plus adapté à leurs préoccupations. Cet homme est le Père Chauvat, dominicain à l'esprit ouvert, aumônier de la faculté des sciences, et toujours entouré d'une nuée d'étudiants de toutes les facultés, avides de son soutien et de son esprit décapant. Serge Bonnet fait d'ailleurs certainement allusion à lui lorsqu'il évoque " un aumônier d'étudiants, [qui] à Nancy, héberge des objecteurs de conscience dans son couvent et va témoigner en leur faveur devant les tribunaux ".[229]

Le cheminement intellectuel des jécistes, très semblable à celui qui a cours au même moment à la JOC, est retracé par Jean-Marc Gebler[230]. La guerre d'Indochine a déjà suscité la réflexion parmi les plus anciens. Puis, quand éclate la guerre d'Algérie, les étudiants de la JEC se souviennent des massacres de Sétif, qui font apparaître comme fondamentalement inhumaine la répression qui frappe les Algériens désireux de s'émanciper. Une réflexion s'amorce ainsi sur le colonialisme; et ce n'est qu'à partir de là que la dimension politique intervient, car, des causes du colonialisme, les jeunes gens passent à une critique du capitalisme exploiteur.

La JEC, en tant que mouvement de l'Action catholique, est soucieuse d'évangéliser le milieu étudiant, mais d'une toute autre manière que le Groupe Catho ou que la FFEC. Il ne s'agit pas de se cantonner dans la prédication, mais au contraire d'agir. Armés d' " une formation de base, d'une grande sensibilité aux questions coloniales et d'une intense volonté de " servir ", les jécistes sont prêts à s'engager dans le syndicalisme, syndicalisme qu'ils ne veulent pas confessionnel. Le milieu étudiant organisé au sein de l'UNEF[231] est un terrain d'action tout indiqué.

2. Le refus de porter les armes : l'engagement non-violent.

La non-violence de Lanza del Vasto[232] a trouvé quelques adeptes parmi les étudiants catholiques de Nancy, en particulier à travers un garçon qui a été président de l'AGEN en 1960. C'est Boisgontier, que sa très forte personnalité place un peu en dehors de tout courant : il est non-violent " tout seul "[233]. C'est sans doute lui qui a converti à ses idées un autre étudiant catholique, François Ferry. Boigontier, puis Ferry, ont refusé de porter les armes. Boisgontier est enfermé pendant quelques mois à Mourmelon jusqu'à ce qu'il trouve un compromis avec l'armée : il finit par accepter de faire son service chez les paras, à condition de ne pas porter d'arme. Il sert comme infirmier. Il essaie ensuite de propager cette idée de refuser la violence de la guerre. François Ferry, cherche à ce moment-là les moyens de s'opposer à cette guerre. Il est séduit par les opérations que monte l'Arche autour des objecteurs de conscience. Il part alors dans le Sud de la France rejoindre un groupe de l'Arche; et, même s'il est peu convaincu par la communauté " quasi-féodale " qu'il y trouve, il décide de participer à Grenoble à l'une de ces opérations, dont la charge est en fait entièrement déléguée à un homme, Jo Pyronnet. Pour pallier le nombre très restreint d'objecteurs, Jo a en effet imaginé de monter des actions d'éclat, les "lâchers" d'objecteurs. La technique, originale, consiste à attacher dans un lieu public quatre jeunes hommes autour d'un objecteur de conscience. Ils refusent de donner leurs véritables noms, et prétendent tous les cinq être l'objecteur de conscience qu'il faut arrêter. La police, faute de pouvoir contrôler les identités, est forcée d'arrêter les cinq à la fois, et de les garder en prison le temps de déterminer qui est qui. C'est de cette manière que François Ferry passe cinq ou six mois dans les prisons de Grenoble, en 1962...Un autre jéciste de Nancy choisit également ce type d'engagement.

3. Le rôle des catholiques dans le basculement de l'UNEF à gauche.

A l'UNEF, ces étudiants catholiques pèsent dès 1956 de façon décisive dans le camp des " minos ", qui restent encore minoritaires, et ce depuis 1946, dans leur refus d'un apolitisme vu comme générateur de compromissions indignes[234]. Ils s'opposent à la volonté de la majorité des étudiants de l'UNEF, récalcitrante face à l'intrusion des problèmes politiques dans le syndicat, qui s'occupe déjà de nombreux aspects de la vie étudiante : bibliothèques, restaurants, activités de tourisme notamment.[235] A force de militantisme, les " minos " réussissent à devenir majoritaires au bureau national en 1956. Au niveau nancéien comme au niveau national, les bureaux sont alors élus en fonction de leur position sur l'Algérie, ce que raille *L'Etudiant national* à propos de l'élection d'un candidat à la vice-présidence aux sports :

" *Pendant deux heures, les " camarades " ont essayé de connaître les opinions du candidat sur l'Algérie.* " [236]

A Nancy, les équipes dirigeantes sont composées en majeure partie de jécistes[237] ou d'autres chrétiens progressistes. Mais les " minos " sont aussi représentés par d'autres groupes, en partie par les communistes. Les frictions existent entre ces deux composantes de l'ancienne minorité. Le président de l'AGEN, en 1961, est le catholique Jean Riedinger. A la fin de son mandat, il est empêché de se présenter pour un nouveau mandat par les étudiants communistes, qui ne lui reprochent en aucun cas la ligne suivie à propos de l'Algérie, mais son manque de laïcité[238]. La bonne entente ne doit pourtant pas être troublée pour autant ; pour preuve, les jeunes communistes attribuent au président sortant un poste inédit de " président d'honneur " de l'AGEN, en témoignage de leur amitié !

Les positions de l'UNEF sur la guerre d'Algérie deviennent peu à peu plus audacieuses, malgré la présence d'une minorité de " majos " comme on continue encore à les appeler. En effet, l'UNEF ne se contente pas de militer pour la paix, la négociation et contre la torture comme une grande partie de la gauche déçue par la politique de la SFIO. Elle est la seule organisation à se prononcer en faveur de l'indépendance, à son Congrès de Lyon d'avril 1960. A cette occasion, est aussi décidée la reprise des relations officielle avec l'UGEMA[239], et l'action conjointe avec organisations et syndicats engagés dans le même sens.

Mais ces décisions ne sont prises qu'en 1960, et grâce à l'engagement personnel de certains cadres minos, dont le jéciste François Borella, qui, bien qu'assistant en droit à Nancy, continue à exercer des responsabilités au sein de l'UNEF, au niveau national.

Les étudiants militants catholiques, qu'ils soient jécistes ou sympathisants, paient de leur personne et prennent des engagements personnels à propos de la guerre d'Algérie en dehors du terrain syndical de l'UNEF. Ainsi, à Nancy, François Borella, Jean-Marc Gebler et quelques amis font paraître un cahier sur la guerre d'Algérie, qu'ils diffusent le plus largement qu'ils peuvent, probablement à l'été 1958[240].

Des contacts officieux avec des étudiants de l'UGEMA, qui sont au FLN, sont maintenus pendant les années de rupture entre l'UNEF et l'UGEMA (1956-1960), à Nancy comme au niveau national. Ainsi, au niveau national, François Borella, Jacques Julliard, Michel de la Fournière, R. Chapuis et O. Burgelin et des membres de l'UGEMA et du FLN, mettent sur pied en juin 1956 une " Conférence nationale étudiante pour la solution du problème algérien ", association présidée par François Borella. Les membres sont des étudiants français métropolitains ou libéraux d'Algérie, des " étudiants algériens " et des personnalités telles que Mostafa Lacheraf, l'un des cinq dirigeants du FLN présents avec Ben Bella dans l'avion du roi du Maroc, arraisonné le 22 octobre 1956[241]. L'association n'est pas montée " sur un coup de tête " : les organisateurs sont soucieux de se donner des garanties, et François Borella informe gaullistes, socialistes au pouvoir, et des membres du MRP, dont Pfimlin, de la volonté de créer une association pour réfléchir avec des Algériens à la possibilité de trouver une issue au conflit. Les personnes consultées donnent leur accord, à condition de ne pas aller trop loin:

" *Tout le monde savait qu'ils étaient des dirigeants du FLN mais sous le nom de l'UGEMA. On a reçu le feu vert.* " [242]

L'ambition de la Conférence est de préfigurer les relations qui pourraient exister entre les deux peuples, et d'examiner des solutions précises de règlement du conflit par la négociation des deux parties.

La CNE (Conférence Nationale Etudiante) réunit une centaine de personnes à Paris, aux Sociétés Savantes, les 21 et 22 juillet 1956. Après des heures de discussion avec les responsables du FLN, des résolutions sont prises, concernant le droit du peuple algérien à l'indépendance et les modalités de négociations avec le FLN, désigné comme interlocuteur valable par " les événements politiques et militaires ". Un fascicule est imprimé à l'initiative des organisateurs de la Conférence, qui reproduit notamment le contenu de ces résolutions bilatérales : la minorité européenne ne doit pas avoir de statut particulier, mais bénéficier d'un statut personnel, des libertés culturelles et religieuses ; l'Etat algérien, ouvert et non théocratique, doit permettre le développement harmonieux des deux cultures, arabo-islamique et française ; enfin, l'économie coloniale doit disparaître au profit d'une économie algérienne, moins tournée vers l'exportation et basée sur une juste répartition des terres. C'est par le silence que répondent les socialistes de Guy Mollet, auxquels cette brochure prometteuse a été communiquée[243]. En revanche, dans le milieu étudiant, le contenu de la Conférence anticipe le Congrès de Lyon, puis le communiqué commun UNEF-UGEMA qui lui est consécutif[244]. C'est le fruit de longs efforts de la part de quelques dirigeants, en partie issus de la JEC, qui ont su imprimer leurs idées à l'UNEF.

4. La poursuite de l'engagement après la fin de la guerre d'Algérie.

Lorsque la guerre d'Algérie se termine, les étudiants qui ont consacré tant de leur énergie à la guerre d'Algérie, en tant que problème de politique intérieure, poursuivent pour quelques-uns d'entre eux leur engagement en mettant leurs compétence au service du nouvel Etat.

A Nancy, Claude Collot, juriste, et Jean-Marc Gebler sont appelés à la rescousse par des membres de l'Amicale des Algériens de France, qu'ils connaissent bien. Il s'agit d'aider le consul algérien nommé à Nancy, qui n'a aucune expérience juridique. Alors Collot et Gebler passent presque tous les jours au nouveau consulat, dont ils mettent en place la structure.

Les anciens étudiants catholiques qui ont milité au long de la guerre d'Algérie sont tout un noyau à se retrouver en Algérie comme coopérants, que ce soit pour leur service militaire ou non. Jean Riedinger donne les raisons qui lui ont fait choisir ce type de service :

" *Quand je suis parti faire mon service militaire, pour moi c'était clair que je partais comme coopérant en Algérie. L'Algérie, c'était presque une obligation morale. Une sorte de volonté - peut-être que les Algériens auraient d'ailleurs trouvé ça discutable - de manifester que tous les Français n'étaient pas engagés dans le même sens, que certains étaient prêts à aider, à mettre en place les structures nécessaires.* " [245]

Il serait intéressant de savoir quelle proportion des coopérants représentent les chrétiens qui s'étaient préalablement engagés contre la guerre d'Algérie. Ce qui est certain, c'est qu'un petit groupe de jeunes enseignants catholiques de gauche, ayant fait leurs études à Nancy et ayant milité très activement pendant la guerre d'Algérie, se retrouve à Miliana : François Borella y est dès 1962, rejoint en 1964 par François et Françoise Ferry, et par Jean Riedinger. Ce dernier ne reste que les deux années de son service militaire. Là-bas, il se soucie aussi de l'Eglise catholique. Délégué de la paroisse de Miliana, il participe en 1965 à une assemblée des chrétiens d'Algérie avec Mgr Duval dont il critique les positions. L'archevêque souhaite en effet maintenir une Eglise très institutionnelle en Algérie, alors que l'Eglise est décimée par les départs des chrétiens. Jean Riedinger aurait été favorable à une organisation plus souple, plus adaptée à des communautés catholiques désormais peu nombreuses.

Ces étudiants catholiques, que l'on retrouve souvent à l'UGS, puis au PSU à partir de 1960, se heurtent à un groupe d'étudiants Action française, bien décidés à défendre l'Algérie française. Si ces derniers ont le vent en poupe grâce à la guerre d'Algérie, ils ne sont jamais qu'une petite minorité, dont l'âge d'or est celui des années 1959-1962.

B. Les hérauts de l'Algérie française.

Qui sont ces étudiants qui défendent avec tant de virulence l'Algérie française, et qui se disent monarchistes, " anti-démocrates et nationalistes "[246]? Ils seraient une centaine environ, issus des facultés de droit, médecine, des écoles de l'ENSEM et de l'ENSIC pour la plupart, à se réclamer de la doctrine d'Action française. Ils se regroupent au sein du Cercle Charles Vergnaud, qui devient Cercle Pierre Morlot[247] après la mort accidentelle de son jeune président en mars 1961. Les fils de familles monarchistes seraient minoritaires, et les membres du cercle seraient plutôt des jeunes gens séduits par les thèses d'Action française et par la vitalité du petit groupe. Ils se réclament des valeurs de l'Occident chrétien. La plupart sont de confession catholique, bien qu'il s'y mêle quelques protestants[248]. A partir de 1958, les étudiants monarchistes sortent assez irrégulièrement une feuille locale de propagande et de réflexion, qui est imprimée à Nancy pour la première fois en 1959[249], jusqu'en mars 1962 : la vitalité du cercle d'étudiants monarchistes correspond donc à la guerre d'Algérie. Celle-ci est d'ailleurs un sujet essentiel du journal[250]. Les étudiants se rassemblent en effet autour de deux thèmes: la sauvegarde de l'Algérie française, et l'anticommunisme, qui apparaît comme particulièrement dangereux lorsqu'il menace de se propager dans l'Eglise à travers certains chrétiens ; l'un des objectifs principaux est en effet de combattre " ceux qui mettent leur christianisme au service du communisme athée "[251].

La vitalité et la force de conviction de ce groupuscule d'étudiants proviennent certainement du fait qu'ils se sentent porteurs d'une véritable solution au problème de l'Algérie, qui ne peut-être qu'extra-républicaine comme le montre l'incapacité de la IVème et de la Vème Républiques à le résoudre[252]. Tout comme les partisans de l'indépendance, les étudiants de la Restauration sont conscients de la différence fondamentale entre l'Algérie et la France. Mais le point d'hérésie est que pour eux, cette différence, même s'il ne faut pas la nier, n'est pas un obstacle au maintien de l'Algérie française. Ils réfutent les solutions centralisatrices que propose de Gaulle dans son discours du 16 septembre 1959 : la sécession, parce que le Général l'a lui-même décrite comme épouvantable ; l'association, parce qu'elle mènerait " dans les deux mois " à l'indépendance; mais le plus intéressant est qu'ils rejettent aussi la francisation au nom de la différence de l'Algérie d'avec la France. Cette francisation, menant à une égalisation des lois entre métropole et Algérie, n'est pas souhaitable car :

" Il est évident que cette solution ne tient aucun compte du particularisme de l'Algérie. Celle-ci est un pays sous-développé, et y appliquer les lois régissant la métropole est un non-sens. (...) Les lois ne doivent pas être détachées de leur contexte social(...). Elles doivent tenir compte des habitudes, des modes de vie et du degré de développement du groupement social qu'elles régissent. " [253]

La monarchie " décentralisée ", fédératrice, permet d'échapper à l'alternative que les étudiants nationaux relèvent chez les républicains : abandon ou centralisation. La solution retenue est celle " du 13 mai ", l'intégration, qui ne reviendrait pas à une " francisation " égalisatrice, sans que la différence entre les deux notions soient explicitée plus avant.

Pourquoi la France ne peut-elle pas perdre l'Algérie? Là, les explications sont celles de la droite traditionnelle. D'une part, la France ne peut laisser tomber ni les Européens présents sur cette terre, ni les Algériens favorables à la présence française, et d'autre part ce sont les Français qui, disent-ils, ont créé l'Algérie. La monarchie doit contribuer à la poursuite de cette œuvre, grâce à la stabilité politique qu'elle procure par rapport à la démocratie trop soumise à l'absurde " loi du nombre ".

Ces ultra-traditionalistes se défendent de tout racisme. Ils se défient des fascistes de l'Ordre Nouveau avec qui ils n'ont " d'autres rapports que virils "[254], c'est-à-dire, avec qui ils se battent. Ils ne dédaignent pas la discussion avec les Algériens du FLN qui partagent les mêmes bancs de faculté, même si elle est très vive. Un ancien étudiant de la Restauration nationale se souvient avoir rétabli le calme avec l'aide d'un étudiant du FLN au cours d'un scandale dans l'amphi de médecine[255].

Les ennemis sont surtout l' " Anti-France ", c'est-à-dire tous ceux qui se retrouvent dans les thèses de l'autodétermination et autour des journaux tels que *France Observateur*, *L'Express*, et surtout *Témoignage Chrétien*[256]. Les " jeunes amis de *T.C.* " sont particulièrement visés parce qu'ils ont une interprétation différente des valeurs chrétiennes qu'ils sont accusés de corrompre[257] : à cet égard, la religion est un enjeu. A Nancy, l'incarnation de cet ennemi est François Borella, la cible par excellence des étudiants du Cercle Vergnaud, selon les dires de l'un d'entre eux.

C. L'affrontement.

Sur quels terrains ces jeunes gens se battent-ils avec les partisans de l'autodétermination ?

Il y a d'abord les réunions organisées par les comités, syndicats et partis, qui invitent des personnalités pour parler de la guerre d'Algérie. Les étudiants monarchistes organisent le chahut, se battent de manière parfois violente à la sortie des meetings. Un invité à l'une de ces réunions s'est vu empêché de prononcer sa conférence par un canular qui[258] est resté dans les mémoires. Georges Suffert, de *Témoignage chrétien*, était convié fin décembre 1957 au caveau de l'Excelsior par diverses organisations, en même temps que Louis Vallon, ancien député de Paris et gaulliste de gauche, pour parler de l'Algérie. A la gare, il était attendu par un homme en soutane. Comme un certain père Lefèvre, jésuite à Metz lui avait donné rendez-vous, Georges Suffert ne se montra pas surpris et suivit sans difficulté l'homme qui prétendait vouloir lui présenter un ami qui revenait d'Algérie. La voiture du " père Lefèvre " s'immobilisa sur le plateau de Malzéville à côté de deux autres voitures. Douze jeunes gens étaient également présents, âgés " de 25 à 30 ans environ ". Le prétendu jésuite se défit de sa soutane. La promenade continua à trois voitures, agrémentée de discussions politiques. L'article de *L'Est Républicain* rapporte les propos tenus au malheureux rédacteur en chef :

" *Tu as l'air honnête et bon bougre. Mais tu es un traître. Tu ne dois donc pas parler ce soir !* "

Georges Suffert fut finalement relâché à la fin de la soirée sur le plateau de Malzéville. Le journaliste de *L'Est Républicain* note judicieusement que le " canular audacieux " " rappelle ceux dont étaient coutumiers certaines ligues ou partis politiques avant la dernière guerre ". C'est cet esprit que l'on retrouve dans le ton brillant et moqueur de *L'Etudiant national*... [259]

Un lieu hautement symbolique de l'affrontement entre les deux thèses est le foyer du Groupe des Etudiants Catholiques (GEC). Après une réunion avec

Robert Barrat[260], interrompue par les partisans de l'Algérie française, le 11 mai 1956 au Caveau de l'Excelsior, les étudiants monarchistes et les étudiants entourant Borella se battirent violemment. Les étudiants se sont retrouvés au GEC " à la fois pour fuir la police, et pour se bagarrer avec les étudiants Algérie française "[261]. Le refuge dans un lieu catholique pour se battre a de quoi étonner, mais il est révélateur : presque tous les étudiants présents étaient catholiques. Pour tenter de mettre fin à l'affrontement, le Père Duval, la " soutane chantante "[262] comme on l'appelait, et qui habitait au GEC, vint proposer un débat entre les deux parties autour du thème " Y-a-t-il une attitude catholique commune face à ce problème " de l'Algérie? D'après François Borella, " c'est la seule fois où il y a eu entre minuit et trois-quatre heures du matin une volonté de la part des deux minorités en question de ne plus se casser la gueule ". On retrouve ce même souci de donner la parole aux étudiants tenants des deux thèses adverses dans le journal annuel du GEC, *Etudiants catholiques de Nancy*, qui consacre en 1956 un article au problème algérien : il s'agit d'une " Tribune libre " où deux étudiants confrontent leurs points de vue, faisant preuve d'une égale " bonne volonté ". Bien que l'étudiant qui défend la négociation ait le dernier mot et soit le seul à présenter une solution positive, cette initiative représente tout de même une tentative de faire dialoguer des partisans de solutions politiques différentes, sans qu'ils se battent.

Un autre lieu d'opposition entre les étudiants partisans de l'indépendance et les étudiants Algérie française, est l'AGEN. Nous avons déjà vu comment les " minos ", partisans de la paix et de la négociation, étaient devenus majoritaires au sein de l'UNEF à Nancy comme au niveau national. Le bureau de l'AGEN est donc pendant la guerre d'Algérie et, en gros, depuis 1956, investi par les " minos ", ce qui en fait une cible pour les étudiants de la Restauration Nationale. Ces derniers fustigent dans leur journal le " bureau inactivité " qui finit par oublier les intérêts des étudiants et les tâches matérielles pour s'occuper de politique. Ils refusent donc en toute logique les quitus aux différents bureaux élus. Mais tout cela n'est qu'opposition traditionnelle. En revanche, il y a une journée annuelle durant laquelle la lutte ne se fait plus à coups de bons mots. Le 21 février est en effet la journée de la décolonisation[263]:

" *Quelques jours après, le bureau organisait à l'AGEN le désordre du 21 février* [1961]. *Une prise de conscience annuelle qui conduit inévitablement les consciences en présence à se taper sur la figure.* " [264]

Et l'assemblée générale peut être elle-même assez violente, pour peu que le sujet en soit l'Algérie : Jean Riedinger se souvient d'une AG à laquelle les défenseurs de l'Algérie française ont envoyé des pétards pour " marquer le coup ".

Avec l'année 1962, l'OAS durcit encore les passions. Au niveau des lycéens et des étudiants des classes préparatoires, l'un des enjeux est le lycée Poincaré, disputé par les " communistes " et les " fascistes ". Les " communistes ", ce sont d'après le camp adverse tous ceux qui luttent contre les " fascistes ", en particulier au sein du Comité antifasciste, qui regroupe en réalité des gens de divers courants de gauche, des communistes aux catholiques, André Rouffeteau en faisant notamment partie; les " fascistes " sont les partisans les plus virulents de l'Algérie française. *L'Etudiant national* décide de réagir contre l'influence des " moscoutaires " sur le lycée Poincaré :

" *Les voyous du comité anti-fasciste de Poincaré aiment s'en prendre aux Cyrards. Il ne se passe pas de jours sans que ceux-ci se fassent injurier, se fassent traiter de nazis, etc., etc...C'est beau la liberté.* "

Contre ces attaques verbales qui visent particulièrement les élèves des classes préparatoires[265] pour Saint-Cyr, les étudiants monarchistes décident de passer à l'offensive :

" *La propagande continue au lycée : il est grand temps d'y mettre un terme. IL FAUT INTERVENIR MAINTENANT CONTRE TOUTE PERSONNE QUI A UNE ACTIVITE POLITIQUE DANS LE LYCEE. Il est impossible d'empêcher des jeunes d'avoir leurs idées; MAIS CE QUI EST POSSIBLE ET NECESSAIRE ? C'EST QUE LE LYCEE REDEVIENNE UN LIEU DE TRAVAIL ET D'ORDRE. Tout doit être mis en œuvre pour atteindre ce résultat.* " [266]

Mais, pour certains membres du Cercle Pierre Morlot, l'engagement pour l'Algérie française ne s'arrête pas à ces batailles étudiantes. Quelques-uns uns font partie de l'OAS, à l'insu de la plupart des autres membres. Le gérant de *L'Etudiant national* est condamné, après la fin de la guerre, à quatre ans de réclusion criminelle pour sa participation active aux attentats. Une minorité seule est concernée, mais le Cercle Morlot ne survit ni à cette rupture, ni à la fin de la guerre d'Algérie qui constituait un thème de lutte essentiel. A part l'anticommunisme qui est un peu rebattu, plus aucun combat ne semble désormais pouvoir souder les étudiants monarchistes. De plus, les étudiants, qui étaient déjà souvent en fin de cursus universitaire, se dispersent pour mener leur vie professionnelle.

Les militants du monde du travail comme les étudiants participent plus largement à la vie politique locale.

III. LES CATHOLIQUES SUR LA SCÈNE POLITIQUE.

La guerre d'Algérie a amené des catholiques à découvrir la dimension politique d'une Eglise très conservatrice dans l'ensemble. Ils entrent par le biais de ces événements dans des organisations politiques. Pour les chrétiens de gauche[267], la laïcité est de rigueur[268] : l'aspect religieux passe au second plan en politique. Ils reconnaissent pourtant que la religion n'est pas pour rien dans leur engagement. C'est ce qu'explique l'un d'entre eux :

" *Je pense que le fait d'être chrétien y était pour quelque chose. Dans le domaine de mes engagements, (...) je pensais qu'il n'y avait qu'une voie possible pour un chrétien qui prenait au sérieux l'Evangile, c'était le socialisme, au sens large.* " [269]

Les motivations sont chrétiennes, l'engagement est politique. D'ailleurs, même les plus catholiques n'hésitent plus à s'allier aux athées, voire aux plus anticléricaux, pour défendre l'une ou l'autre conception de la guerre d'Algérie. Ainsi, les jécistes et l'UEC représentent ensemble les minos à l'UNEF, avec des socialistes. Les réunions pour la paix en Algérie sont signées conjointement par des groupes communistes et chrétiens. L'USRAF (Union pour le Salut et le Renouveau de l'Algérie Française)[270] regroupe tant des catholiques traditionalistes que des anticléricaux autour de la sauvegarde de l'Algérie française.

A. Sur le parvis de l'église...

L'Eglise apparaît comme un lieu politique, malgré la volonté générale de préserver l'unité au moyen d'un apolitisme de convenance, exprimée en particulier par l'évêque. Ce qui distingue les catholiques des autres, c'est peut-être qu'ils se trouvent confrontés dans ce même lieu de culte, où ils prennent conscience de ce qui les sépare, au sein d'une institution qui les rassemble.

Des prêtres ont parfois pris position dans leur sermon, suscitant les réactions les plus vives. Le sermon prononcé à Hussigny par Michel d'Arbonneau dénonçant les violences de l'armée française et l'inculpation qu'il lui a value ont déjà été évoqués. A l'inverse, dans l'église de Notre-Dame de Lourdes à Nancy[271], le prêtre, qui vient de rentrer d'Algérie prononce un sermon aux consonances des plus patriotiques. Un paroissien vient le voir pour lui reprocher d'avoir pris position dans l'église, et lui écrit ensuite son indignation. Simple laïc, Jean Riedinger se souvient avoir dit une intention de prière pour les gens qui souffraient de la guerre en Algérie. Le seul fait d'évoquer " la guerre " a provoqué un tollé parmi les paroissiens.

Le journal *Témoignage chrétien* a eu une importance fondamentale pour ses lecteurs, qui sont pour trente pour cent d'entre eux des ouvriers[272] ; et les catholiques que l'on retrouve dans les organisations de gauche lui doivent pour une bonne part leur prise de conscience politique. Certains essaient donc naturellement de le diffuser dans les églises pour faire partager en particulier les articles sur la guerre d'Algérie. Jean Riedinger a vendu l'hebdomadaire dans l'église Sainte-Ségolène de Metz, et il se souvient des réactions hostiles qu'il suscitait alors parmi les paroissiens:

" *On se faisait injurier. On était des " traîtres ", des " mauvais Français ". On était des " complices avec les bougnouls ", " avec les tueurs ".*

A Nancy, Mgr Lallier interdit la vente de *Témoignage chrétien* dans les églises suite à une réunion avec Robert Barrat (journaliste à *TC*) qui a provoqué la violence de groupes Algérie française[273]. Gérard Rouffeteau, militant au MLP à l'époque, envoie une lettre à l'évêque pour protester contre ce qui pourrait apparaître comme une " prise de position favorable " aux adversaires de Robert Barrat " parmi lesquels se trouvent des tenants du fascisme ". Gérard Rouffeteau s'étonne de ce que la *France Catholique* soit vendue à l'intérieur des églises, et que *Témoignage chrétien* en soit exclu. Puisque aucun reproche n'a été fait sur le plan doctrinal, la raison de cet ostracisme ne peut être que politique. Pour protester, il se rend devant l'église Saint Joseph[274], à Nancy, avec quelques numéros de *Témoignage chrétien*, qu'il a l'intention de vendre. Il n'a pas même le temps de commencer que trois hommes sortent d'une voiture, lui arrachent les journaux et s'engouffrent à nouveau dans le véhicule. Michel Winock relève ces expéditions contre les vendeurs de *Témoignage chrétien* comme caractéristiques de la droite intégriste de ces années[275]. Juste à côté, une table de presse est dressée sur le parvis en raison du beau temps. L'homme qui la tient commente l'incident : " Eh bien oui, l'évêque avait dit de ne pas le vendre! ". Au contraire, deux hommes apportent leur témoignage de soutien à Gérard Rouffeteau. L'un d'eux est un instituteur communiste, ce qui est assez révélateur des clivages de l'époque, qui se font essentiellement autour de la guerre d'Algérie[276].

B. Les catholiques dans l'opposition à la guerre d'Algérie.

La dénonciation de la guerre d'Algérie rassemble des catholiques dans des groupes chrétiens de réflexion ; mais ce sont en fait surtout les comités et les partis, où ils se mêlent à tous les autres opposants à la guerre, qui donnent à leur action une certaine audience.

1. Quelques groupes chrétiens et les premiers pas de l'œcuménisme.

Quelque groupes de réflexion se rassemblent autour de revues catholiques dénonçant la guerre d'Algérie. On relève ainsi deux groupes signataires de tracts annonçant des meetings : le groupe *Esprit*[277] représenté par M et Mme Voirin, et les " Amis de *Témoignage chrétien* "[278]. Il existe un " mouvement international de la Réconciliation " sur lequel personne n'a su me renseigner. Par ailleurs, le mouvement *Vie Nouvelle*[279], fondé par André Cruiziat pour les scouts devenus adultes tout en étant ouvert à d'autres adhésions, n'appose son nom sur aucun des tracts et articles collectés pour ce mémoire ; mais le mouvement, qui se propose " d'aid[er] à ce que chacun ait une conscience politique réfléchie ", a été dans l'ensemble favorable au " désir d'indépendance de l'Algérie "[280]. Ces groupements catholiques ou chrétiens ne rassemblent que peu de personnes et agissent de concert avec les autres organisations de gauche lorsqu'elles interviennent directement sur la scène politique. D'ailleurs, les initiatives purement catholiques sont rares.

D'autres actions sont organisées par des chrétiens indépendamment des organisations politiques ou syndicales, et tracent les premiers pas d'un œcuménisme, bientôt consacré par le Concile de Vatican II. Ainsi, les jeûnes spirituels pour la paix réunissent quelques personnes des deux confessions. Trois jours de prière sont aussi organisés dans la maison d'une dame protestante. Ce sont peut-être les seules actions publiques de nature religieuse qui ont lieu à Nancy à propos de la guerre d'Algérie et dont les protagonistes sont les chrétiens de gauche.

Une autre initiative, dont est à l'origine[281] un jeune professeur, Robert Beix, permet l'action conjointe des catholiques et des protestants. Il s'agit de l'alphabétisation des Nord-Africains. L'association se veut totalement indépendante de tout mouvement politique ou confessionnel, et fonctionne à partir du bénévolat de moniteurs, avec l'argent procuré par des heures supplémentaires déclarées de quelques instituteurs. Curieusement, la dimension œcuménique n'est pas apparue du tout à Robert Beix, peut-être moins sensible à cet aspect parce qu'il ne se définissait pas comme catholique à l'époque. Jean-Marc Gebler souligne au contraire :

" *Ca avait une autre fonction, l'ALAFA. Ca avait une fonction un peu œcuménique (...) A l'époque, c'était le début de l'œcuménisme, et l'ALAFA, ça a été un point de rencontre et d'action avec les protestants.* "

L'ALAFA continue bien au-delà de la fin de la guerre d'Algérie, puisqu'elle existe encore aujourd'hui.

Cependant, pour des raisons d'efficacité, les chrétiens engagés contre la guerre d'Algérie, agissent le plus souvent dans des mouvements non confessionnels. Même lorsqu'on invite des intervenants comme Robert Barrat et Georges Suffert de *TC*, c'est avec d'autres orateurs, et les organisateurs sont loin de venir seulement des mouvements chrétiens.

2. Des comités au gré des événements.

Des comités se créent et se succèdent au gré des événements ayant trait à la guerre d'Algérie. Les catholiques y ont un rôle non négligeable, mais pas en tant que tels. Ainsi, le Comité nancéien pour la défense des libertés en Afrique du Nord et outre-mer est présidé par le catholique Henri Longeot.

Le 5 novembre 1955 des intellectuels réclament dans un appel la fin de la " guerre d'Algérie " par la négociation. Jacques Soustelle réagit par une " lettre d'un intellectuel à quelques autres ", où il affirme assez maladroitement que :

" *1.-Les intellectuels signataires seraient mal informés des réalités algériennes.*

2.-Les intellectuels seraient enclins au défaitisme et n'apporteraient aucune solution positive au problème algérien. " [282]

Pour protester, un groupe d'intellectuels nancéiens signe une lettre ouverte à M Soustelle le réfutant. Ils affirment notamment que la seule solution qui soit en accord avec la Constitution française est que le gouvernement " reconnaisse le droit du peuple algérien à la liberté et à l'indépendance "[283]. Suite à cela, un " Comité d'action des intellectuels " se crée, en particulier à l'initiative de Gérard Rouffeteau, catholique issu du MLP, comme Henri Longeot, et qui en devient le président. En mars 1956, une lettre du Comité de défense des libertés en Afrique du Nord " aux députés de Meurthe-et-Moselle est co-signée par les diverses organisations de gauche, par ce " Comité d'action des intellectuels ", et par un " Comité lorrain de défense des intérêts démocratiques et populaires ". Ce dernier est animé par R Wietmeyer, un catholique marxisant qui " a beaucoup travaillé dans le social "[284].

Avec les événements du 13 mai 1958, une crainte envahit les milieux de gauche qui voient la fin de la République comme imminente : celle du fascisme. Des comités sont donc mis en place pour veiller à la sauvegarde de la République. Le " Comité de défense de la république " regroupe à peu près les mêmes personnes, notamment de l'UGS, du parti communiste, du SGEN[285], de la CGT, la Ligue des droits de l'Homme, la Conférence Nationale des Etudiants à travers François Borella. Là encore, les catholiques sont présents.

Gérard Rouffeteau, associé à des collègues, " communistes et autres ", participe à la création d'un " Comité de défense républicaine du Lycée Poincaré " pour faire pendant aux " Comités de salut public " qui " en France, en Meurthe-et-Moselle, et même parmi les élèves [du lycée Poincaré] ", " rassemblent les pires éléments des partis politiques réactionnaires "[286].

Enfin, le putsch des généraux est l'occasion de la création d'un nouveau comité " pour répondre à toute attaque séditieuse " qui pourrait avoir lieu. Le " Comité Républicain Antifasciste pour la paix en Algérie " se constitue et remplace en fait le " Comité de Défense de la République ". La simple énumération de ces comités est un peu un trompe l'œil, tant toute cette activité est le fait d'un petit nombre de personnes. François Borella l'admet volontiers :

" *On essayait de gonfler. C'était, il faut le dire honnêtement, des comités qui représentaient les mêmes personnes sous des noms différents.* " [287]

Les catholiques sont également présents dans les partis politiques qui prennent position en faveur de la paix en Algérie.

3. les catholiques du MLP au PSU.

En 1958, l'UGS regroupe différentes organisations de sensibilité de gauche, catholiques ou non. Parmi les mouvements catholiques, on relève en particulier le MLP, qui est issu d'une scission du MPF (Mouvement Populaire des Familles), et dont les membres sont souvent d'anciens jocistes : en 1950, le MPF s'est scindé en un mouvement qui se voulait social, refusant toute prise de position politique, le MLO, et une branche animée au contraire d'une volonté politique, le MLP (Mouvement de Libération du Peuple). Les catholiques sont également représentés par quelques membre de la Jeune République (socialisme chrétien) et par des jécistes. En fait, pratiquement tout le milieu des chrétiens de gauche de Nancy s'y retrouve. A ces catholiques se mêle la Nouvelle Gauche[288] de Claude Bourdet et Gilles Martinet. En avril 1960[289] se crée le PSU, qui regroupe l'UGS et le PSA[290]. Les catholiques y sont mêlés avec des gens de gauche très divers - notamment des communistes dissidents, des trotskistes - que rassemblent la recherche d'un socialisme hors des dogmes, et " un rejet farouche, viscéral de la guerre poursuivie sur le sol algérien ". C'est d'ailleurs surtout cette opposition à la guerre d'Algérie qui lie un milieu somme toute très divers[291]. En effet, dès 1962, avec la fin du conflit, des divergences éclatent. Avec le PSU, l'expression de la réflexion politique sur la guerre d'Algérie devient plus audacieuse.

Au niveau de la Meurthe-et-Moselle, Gérard Rouffeteau, venu à la politique par la guerre d'Algérie et par le MLP, passe par l'UGS avant de devenir secrétaire départemental du PSU. Le témoignage qu'il porte sur les relations entre les catholiques et les autres adhérents du PSU est intéressant :

" *Quand j'ai été en 1960 élu responsable départemental du PSU, j'ai appris qu'il y avait eu quelques tiraillements : " oh, c'est un catholique, il va à la messe ". Et puis ça s'est arrangé. En fait, il n'y avait pas tellement de sectaires.* " [292]

La position des catholiques est moins inconfortable dans les organisation qui défendent l'Algérie française et qui font appel à la notion de " civilisation chrétienne occidentale ".

C. La défense de l'Algérie française.

Les Français sont en général favorables au maintien de l'Algérie française jusqu'en 1959-1960, presque naturellement, puisque l'Algérie est constituée de " départements français ". Puis une large majorité suit le Général de Gaulle lorsqu'il opte pour l'autodétermination, puis l'indépendance. Mais il faut distinguer de cette opinion moyenne les groupes qui se font les défenseurs de l'Algérie française de manière active jusqu'à la fin de la guerre. Leurs effectifs sont limités, et comme pour leurs adversaires les plus directs, les défenseurs de la paix en Algérie, les multiples organisations, comités, partis, ne doivent pas faire illusion sur leur nombre.

1. Groupements monarchistes, anciens combattants et militaires.

On retrouve ainsi le même milieu Action française sous divers noms. Dans un article de *L'Est Républicain* daté du 11 mai 1956, appelant à la contre-manifestation à l'occasion de la venue de Robert Barrat, l'examen des signataires révèle cette réalité. Jacques Luporsi représente le Centre lorrain d'études monarchistes, Pierre Morlot signe au nom du Comité d'Action Universitaire pour l'Algérie Française, M Steiner, pour le Cercle Charles Vergnaud. Or, tous participent à l'élaboration de *L'Etudiant national*, et appartiennent au Cercle Charles Vergnaud. Ce milieu restreint de l'Action française se livre à un militantisme actif.

Le milieu militaire, à travers anciens combattants et officiers, est également très présent dans le camp de l'Algérie française. L'article de *L'Est Républicain* daté du 12 mai 1956, qui rend compte des échauffourées de la veille, énumère les " nombreux représentant des vétérans de la guerre 1914-1918, des combattants de 39-45, des membres des groupements militaires et patriotiques, des anciens d'Indochine ", le " président des Officiers de réserve ". Parmi ces derniers, les témoins de cette soirée se souviennent de la présence d'un prêtre à la verve enflammée, l'abbé Rousselot, " officier d'active et prêtre de réserve " selon sa propre boutade[293]. On retrouve aussi des militants poujadistes et anticommunistes (Mouvement Universitaire anticommuniste).

Ces divers mouvements se regroupent autour de certains thèmes, dont l'appel à la contre-manifestation, paru le 11 mai, se fait l'écho. Les troubles d'Algérie ne sont que le fait de " fanatiques " qui obéissent " aux ordres de l'étranger ", essentiellement l'URSS et l'Egypte nassérienne. Les " compatriotes algériens", c'est-à-dire l'ensemble des musulmans et des Européens d'Algérie, sont favorables à la France. Par la suite, les fraternisations du 13 mai 1958 sont d'ailleurs vues comme un moment fort[294], spontané, qui conforte les partisans de l'Algérie française dans leurs opinions. La cruauté des rebelles qui égorgent la population et mutilent les cadavres des soldats, est dénoncée avec véhémence. Le thème de la civilisation que les occidentaux ont apportée à l'Algérie n'apparaît qu'en négatif dans l'appel du 11 mai : les rebelles " voudraient ramener l'Afrique du Nord à une forme dépassée de civilisation ". Dire que la France " a créé l'Algérie " est pourtant un argument majeur dans la démonstration de la légitimité de la présence française. Il s'accompagne de l'argument historique : le passé romain de l'Algérie en fait une terre chrétienne injustement occupée par l'islam.

L'engagement au niveau des mouvements est similaire dans sa forme à ceux des mouvements de gauche : réunions, contre-manifestations, invitation de personnalités, comme Soustelle, pour débattre de l'Algérie. Il existe néanmoins une forme d'engagement de la part de quelques personnes qui ne va pas sans rappeler celui d'un romantisme exacerbé.

2. Une certaine conception de l'engagement individuel : Algérie française et romantisme.

Les partisans de l'indépendance de l'Algérie peuvent être prêts à risquer la prison, voire leur vie[295], se battent pour des principes (la Paix, la dignité de l'homme, le droit des peuples). Mais les " porteurs de valises ", ou les insoumis, ou ceux qui ont élevé haut la parole contre la guerre d'Algérie, l'ont fait avec l'espoir que leurs actes allaient contribuer à une issue positive du " problème algérien ", même si c'était dans une très modeste mesure. L' " Algérie française " est en revanche le prétexte de sacrifices personnels qui paraissent totalement démesurés, alors qu'en 1962 la situation n'est manifestement plus réversible. Ces quelques destins sont imprégnés d'un certain romantisme. Il semble en effet que soit à l'œuvre " une morale qui n'est plus réaliste, mais idéaliste, et esthétique plus encore qu'idéaliste "[296]. A cette morale, se marie volontiers un catholicisme tourné vers la tradition, avec d'autres références que celles des chrétiens de gauche, qui retiennent surtout la figure du Christ souffrant et la Paix.

Peut-être est-il discutable d'affirmer que l'OAS en 1962 se bat pour une cause perdue ? En effet le journal de l'organisation, *Vive la France*[297], envisage la lutte jusqu'à la guerre civile, avec pour objectif de " tout sauver ensemble, notre Algérie, l'avenir de la France, le sens de nos vies "; il envisage déjà le " combat final " après lequel la France sera sauvée :

" *Demain, nous devons être prêts à prendre le pays en main. Nous ne serons pas trop de bons Français pour le grand œuvre.* " [298]

Les personnes engagées dans l'OAS se battent donc bien dans l'espoir d'un avenir conforme à leurs aspirations. Mais on devine déjà dans le discours un inévitable décalage d'avec la réalité, une certaine raideur qui fait penser qu'on lutte avant tout pour des idéaux, quelle que soit l'issue :

" *...le Conseil National Français ne déviera pas de la ligne qu'il s'est fixée.* " [299]

D'ailleurs, sans discuter des conditions objectives, il est intéressant d'examiner les sentiments qu'ont des personnes favorables à l'OAS, mais qui n'en font pas partie. Un prêtre accorde spontanément sa sympathie à l'OAS, mais sans s'engager, parce qu'il pense que c'est incompatible avec sa fonction, qui lui commande de rester en dehors de toute opposition au pouvoir légal, et parce que ce combat lui paraît vain :

" *Dans le fond, j'étais bien content de l'OAS. Sur le plan humain, je me disais que, si j'étais militaire, je serais avec eux (...) C'est une période où les militaires ont souffert horriblement d'avoir vu la France trahir sa parole (...) L'OAS m'a paru une réaction normale pour des gens qui étaient désespérés. Mais c'était du désespoir, c'est tout. Ca ne suffit pas pour gouverner un pays.* " [300]

Les motivations seraient donc plutôt affectives et morales : le " désespoir ", la colère contre un gouvernement et des forces qui ont rendu inutile le sacrifice des soldats français et algériens, l'honneur bafoué, et surtout la conviction d'accomplir son devoir. Telles sont les raisons invoquées par un officier qui s'engage dans l'OAS :

" *Inutilité d'un combat saboté au sommet; morts inutiles de jeunes soldats du contingent; abandon sur ordre de populations lui ayant fait confiance au cours des quatre années de son séjour en Algérie; impossibilité de tenir une parole d'officier donnée à ses harkis.* " [301]

L'engagement se fonde donc sur une rigueur morale et une idée très élevée de la France, puisque celle-ci apparaît comme un principe éternel qu'on défend par la " foi ". On peut parler de romantisme quand la passion vécue pour elle-même supplante l'exigence morale. Ainsi, les inculpés de l'OAS comprennent un bon nombre d'étudiants[302], qui ont donc bénéficié des sursis : on imagine que, pour eux, l'Algérie est une affaire d'idéaux, et que leur engagement dans l'OAS est un sacrifice exaltant pour une cause qui leur semble juste. Le Bien rejoint la beauté du geste. Tout cela mène loin de la religion, et *Vive la France* est dépourvue de toute allusion au christianisme. Mais cela ne signifie pas, bien entendu, que les catholiques sont absents de l'organisation. Le colonel Argout n'est-il pas catholique? Les monarchistes le sont aussi[303]. Cette absence de toute référence à la religion s'expliquerait plutôt par l'hétérogénéité de l'OAS, qui n'a pas eu le temps de se constituer une véritable doctrine.[304]

Mais le rapport de la défense de l'Algérie française au christianisme et au romantisme est plus évident dans le cas du marquis de Montpeyroux, dont l'histoire épique est racontée dans un article récent de *L'Est Républicain*[305] :

" *Au moment où de Gaulle rappelle dans l'hexagone les forces françaises, il prend le maquis. Condamné à mort par le général, André de Montpeyroux se réfugiera à l'Oscaïdos[306] en Espagne où il se fait moine bénédictin. Retiré du monde, il transmet ses armes à ses héritiers, empêché de revoir sa femme par la fidélité de ses vœux, il lui poste tous les deux jours des lettres d'amour avec quelques violettes séchées...* "

Le " maquis " est certainement l'OAS. Et le refuge est un couvent espagnol traditionaliste.

Le destin du jeune colonel Bastien-Thiry est bien plus célèbre en raison de la témérité de son acte. Il a été considéré comme la tête pensante de l'attentat du Petit Clamart le 22 août 1962, contre le Général de Gaulle. Lors de son procès, il justifie ses actes par des références théologiques :

" *Pour justifier sa participation à un tel complot, le colonel Bastien-Thiry s'en référait au CNR, invoquait le tyrannicide et citait saint Thomas. Les intellectuels catholiques invoquaient eux aussi Saint Thomas pour s'écrier que les conditions proposées par le grand théologien ne se trouvaient absolument pas remplies en 1962 par De Gaulle.* " [307]

Gabriel décrit son frère Jean Bastien-Thiry comme un être pur, absolu qui met ses actes " en accord avec des justifications supérieures ". Il est de ces hommes de qualité qui ont droit à un destin héroïque, supérieur à celui des médiocres. Là encore, on retrouve l'un des traits du héros romantique.

Il existe donc bien un lien entre un certain catholicisme traditionaliste et la défense de l'Algérie française, qui s'inscrivent dans un romantisme exacerbé. Pour établir plus certainement la relation existant entre les positions politiques en faveur de l'Algérie française et un catholicisme particulièrement rétif à toute évolution, il faudrait pouvoir comparer les attitudes des prêtres et des paroissiens pendant la guerre d'Algérie, avec celles qu'ils ont prises à l'égard du Concile de Vatican II. Ce dernier point est le sujet du mémoire de Blandine Michel, soutenu à Nancy en 1994. Nos enquêtes, menées pourtant dans le même milieu du catholicisme nancéien, ne se recoupent pas suffisamment pour en tirer des conclusions satisfaisantes.

D. Violence politique à Nancy.

Ces deux minorités, l'une favorable à l'indépendance, l'autre à l'Algérie française, s'affrontent passionnément. Paul L et François Borella s'accordent pourtant pour parler d'une certaine estime réciproque :

" *Il y a eu un certain respect réciproque, parce que c'était des gens qui s'étaient engagés et qui avaient pris des risques de chaque côté.*" *308*

Il n'est pourtant pas question de ménager l'adversaire, et la rencontre des thèses antagonistes ne se fait pas sans une violence qui culmine au moment des attentats de l'OAS.

L'affrontement qui a lieu lors de la réunion invitant Robert Barrat est largement repris par *L'Est Républicain* qui lui consacre trois colonnes dans le numéro du 12 mai 1956, et il est resté dans la mémoire des organisateurs. Les milieux " Algérie française " préparent une cérémonie au monument aux morts, pour protester contre " l'entreprise factieuse ". Il s'agit d'un mode conventionnel de protestation[309]. Ensuite, une manifestation se met en route vers le Palais des Fêtes, où la " trahison est à L'œuvre ". La colonne arrive au lieu de réunion des opposants à la guerre d'Algérie. Chacun faisant appel à son répertoire, on chante la *Marseillaise* et le *Chant des partisans*, au rythme des coups de poing et des pétards. Les défenseurs de l'Algérie française envoient du poivre, des gaz lacrymogènes et des cailloux sur les partisans du cessez-le-feu. Les étudiants des deux camps se retrouvent ensuite au GEC pour s'affronter[310].

Mais c'est en 1962 que la violence atteint son apogée lorsque certains défenseurs de l'Algérie française s'engagent dans l'OAS. Partout les milieux partisans de l'indépendance montent la garde devant les locaux susceptibles d'être touchés. Deux personnalités de la gauche catholique sont victimes d'attentats à leur domicile. Après les accords d'Evian, une charge de trois kilos de plastic a éclaté à la porte de la maison de François Borella. A deux reprises, c'est le domicile des Rouffeteau qui est visé. Le plasticage du 26 janvier est suivi de celui du 13 mars, qui a valu trois mois d'immobilisation à Gérard Rouffeteau, blessé à la jambe.

Les excès de l'OAS ont pour effet un resserrement des catholiques dans la condamnation des attentats. Gérard Rouffeteau reçoit ainsi à l'hôpital la visite de catholiques qui ne partagent pas du tout ses idées, de prêtres qu'il ne connaît pas :

" *L'évêque a envoyé le curé de Jarville qui (...) m'a dit : " je ne savais pas que vous étiez chrétien ". Il aurait eu quelqu'un qui soit de son territoire et qui soit à l'hôpital pour cette raison-là, qui soit communiste, il ne serait pas allé le voir.* " *311*

C'est l'occasion de vérifier combien un certain clergé, peut-être majoritaire, considère que le catholicisme est toujours placé bien au-delà des divisions politiques.

CONCLUSION

Les catholiques ont dans leur grande majorité évolué lentement vers des positions favorables à la négociation, puis à l'indépendance, guidés par un pacifisme et un respect de la dignité humaine avec lesquels la répression du nationalisme algérien s'accordait de moins en moins, et peut-être par la confiance qu'ils accordaient au Général de Gaulle.

Aux extrêmes, deux minorités s'affrontent, et d'autant plus impitoyablement qu'elles sont catholiques : pour les défenseurs de l'"Algérie française", les chrétiens de gauche sont des traîtres au christianisme.[312] La lutte s'exacerbe jusqu'au point culminant des attentats de l'OAS. En fait la guerre d'Algérie radicalise et donne plus d'écho à des tendances qui existaient déjà. Les catholiques intégristes retrouvent dans la défense de l'Algérie française une légitimité après Vichy. La minorité lectrice de *Témoignage chrétien*, issue de la deuxième guerre mondiale, a poursuivi sa défense de la liberté des peuples, de la dignité de l'homme à travers les conflits nés de la décolonisation ; ceux que la guerre d'Algérie révolte rejoignent et gonflent les effectifs de ceux qui s'étaient déjà opposés à la guerre d'Indochine.

Le climat de guerre froide contribue aussi à opposer plus radicalement les deux minorités et à attirer la méfiance des catholiques de la vieille génération, pour qui l'apolitisme est un mot d'ordre imprescriptible, à l'égard des chrétiens de gauche, qui sont accusés de pactiser avec le communisme. A cet égard, les réticences envers les chrétiens qui s'opposent à la guerre d'Algérie reprennent le sillon déjà ouvert par l'affaire des prêtres ouvriers. Le conflit algérien marque aussi le passage de la dénonciation sur le plan moral, reprise par l'ensemble de l'Eglise à propos de la torture, à l'engagement politique à gauche. Toute cette génération de catholiques entrés en politique par la guerre d'Algérie ne se dit " de gauche " qu'après son engagement dans des partis non spécifiquement chrétiens : l'UGS en 1958, puis le PSU en 1960.

La période de la guerre d'Algérie, surtout à partir de 1960, correspond par ailleurs à l'époque de préparation du Concile de Vatican II. Il n'y a alors rien d'étonnant à ce que les tendances dessinées pendant la guerre d'Algérie trouvent leur confirmation dans les orientations du concile ou dans l'accueil qui lui a été fait. Ainsi, le renforcement de la minorité ultra prépare l'opposition à Vatican II, et la scission des intégristes[313]. A Nancy l'Abbé Mouraux, qui se sépare de l'Eglise, rachète la chapelle construite rue du Maréchal Oudinot par un pasteur qui s'était séparé de l'Eglise Réformée de France à propos de la guerre d'Algérie.

A l'inverse, les chrétiens de gauche, catholiques et protestants, mènent des actions en faveur de la paix et pour l'alphabétisation des Nord-Africains qui constituent, pour modeste qu'il soit, un premier rapprochement qui prélude à l'œcuménisme officiel. Leur engagement politique ne s'arrête pas avec la fin du conflit algérien : engagés au PSU, ils quittent ce parti dans bien des cas seulement en 1974, et adhérent alors au PS à la suite de Michel Rocard, voire délaissent la politique, parfois pour une action associative. Aujourd'hui, la situation en Algérie les laisse souvent amers, et ils ne sont pas loin de penser que les Algériens n'ont pas su tirer bénéfice de leur " liberté " et trouver des dirigeants à la mesure de la tâche à accomplir. Peut-être parce que cette guerre a trop duré, décimant les plus méritants et les plus capables parmi les responsables du FLN[314], ou parce que le maquis s'est vu confisquer le pouvoir au profit des forces de l'extérieur...Ils n'estiment cependant pas devoir regretter leur action en faveur de l'indépendance.[315]

Au total, les clivages à l'issue de la guerre d'Algérie sont assez bien résumés par ce qu'écrit Serge Bonnet dix ans plus tard : " les progrès de l'œcuménisme externe peuvent correspondre à des reculs de l'œcuménisme interne "[316].

L'Eglise se trouve-t-elle la proie d'un conflit de générations comme semble le montrer la crise des mouvements de jeunesse, qui touche l'un après l'autre l'ACJF, la JEC, et les Scouts de France ? Ou la guerre d'Algérie n'est-elle pas plutôt le catalyseur de toutes les aspirations à voir évoluer l'Eglise vers une nécessaire ouverture à son temps ? Les guerres projetteraient l'Eglise comme malgré elle sur des terrains qu'elle aimerait mieux éluder ; elles sont le révélateur et le correctif de l'inadéquation entre une certaine immobilité inhérente à ce grand corps qui se veut uni, et la société qui évolue. A cet égard, les jeunes générations de catholiques qui cherchent à réconcilier foi et engagement dans la cité s'inscrivent dans la continuité de leurs aînés, qui avaient déjà réagi face aux compromissions de l'Eglise dans la seconde guerre mondiale.

Pour Etienne Fouilloux, la guerre d'Algérie a eu un " redoutable effet destructeur sur la relève des générations croyantes ". Pourtant, le mouvement de désaffection vis-à-vis de l'Eglise est déjà amorcé lorsque le conflit commence : les évêques se plaignent amèrement des déficits de vocations. La Lorraine paraît d'ailleurs un peu mieux lotie que d'autres régions, auxquelles elle fournit de jeunes prêtres formés à l'Asnée[317]. Il est vrai que des séminaristes ne reviennent pas au Séminaire après être partis en Algérie, mais ces défections sont le lot des autres guerres aussi, et même du simple service militaire[318]. En outre, les enquêtes réalisées à l'époque par la *Vie catholique illustrée* et par le GEROJEP sur les appelés du contingent ne concluent absolument pas à un rejet de la foi, contre ce qu'attendaient les contemporains : les quelques jeunes gens qui ont rejeté leurs convictions d'avant leur départ, sont relevés par ceux qui ont découvert ou renforcé leur foi. Peut-être la guerre d'Algérie a-t-elle simplement contribué à renforcer l'écart entre la foi et la religion[319], les rites et l'obéissance aveugle à l'Eglise n'étant plus le signe de la conviction chrétienne ? En ce sens, elle a certainement participé à la perte du pouvoir des ecclésiastiques, mais aussi à l'apport de catholiques plus " conscients ", plus soucieux d'apporter une réponse chrétienne aux questions que leur pose la société.

ANNEXE

Lettre d'un appelé en Algérie à son aumônier de la JOC resté en Lorraine.

« Beurouaghia, le 27 mars 1960

Mon cher Père,

Je suis en retard, je m'en excuse, je crois que dans le fond ce n'est pas un mal puisque je viens de découvrir (seulement) un problème qui m'inquiète énormément.

Nous devions envoyer un gars à deux journées de rencontre qui se déroulaient hier et aujourd'hui, cela nous a amenés à une longue discussion G et moi. Nous en avons tiré les conclusions suivantes : aller à ces deux journées ou envoyer un gars, était approuver la manière d'agir de l'aumônier, alors qu'à la base nous ne sommes pas du tout d'accord avec sa façon d'agir. Tout cela m'a fait énormément réfléchir et je vous en ai un peu voulu mon Père, en effet je n'ai aucune formation sur le plan politique, et surtout sur le problème algérien. Je suis pas qu'un petit peu dans la " merde ". Je regrette de ne pas m'être intéressé à tout cela avant de foutre les pieds dans l'armée. Pourquoi ? parce qu'en n'étant pas assez formés, l'on se laisse tous mener par le bout du nez, on accepte un tas de raisonnements inhumains, un tas de raisonnements qui ne font qu'abaisser son prochain. Je veux savoir, j'en ai plus que marre d'être comme un morceau de pâte à modeler à qui l'on fait prendre la forme que l'on veut à n'importe quel moment. Non je n'arrive pas à croire que le Christ est avec cet aumônier qui discute, qui vit, <u>qui approuve</u>, qui amène des troufions à faire des réunions chez Monsieur untel qui a une grosse ferme et qui prête gentiment une grande salle, et l'aumônier sait très bien que ce salaud de colon paye 470 francs par jour le pauvre Arabe qui bosse dans ses champs. N'est-ce pas <u>engager l'Eglise</u> ? Pourtant l'Arabe quel qu'il soit même fellagha est avant tout notre frère. Et pour comble de malheur, à un gars qui lui disait (à l'aumônier) : " mais mon Père c'est du vol que de prendre les moutons, les chèvres etc. chaque fois que nous sommes en opération. Ils appartiennent bien à quelqu'un ? " Il a répondu " mais non que tu es donc bête (sic) il y a une ligne de démarcation pour la zone interdite, tout ce qui est de l'autre côté appartient à l'armée, voyons ". À G qui lui a dit lire *Témoignage chrétien*, il a dit " communard ", et deux jours après G recevait *La France catholique*.

Bon après avoir usé ma révolte interne sur ce peu digne représentant de l'Eglise, j'en viens au problème algérien, au problème de cette guerre.

Quelle est donc la position de l'Eglise ? Est-elle contre cette guerre ? Prend-elle vraiment une position franche sans détour, où tout le monde peut y voir clair ? Je ne le crois pas, Monseigneur le cardinal Feltin, dans une lettre au vicariat des Armées, approuve indirectement cette guerre.

Non, mon Père, cette révolte est tout à fait normale me direz-vous, et c'est le Christ qui l'a voulu. Le Christ a voulu ça certainement, mais le Christ veut également que je sache : ou la guerre est normale, ou elle ne l'est pas, il n'y a pas d'autre réponse. L'Eglise a peut-être peur de se mouiller ! ! ! ça devient une trop grande habitude pour elle, sur le plan ouvrier par exemple. Mais à ce moment-là, qu'elle ne lève pas les mains au ciel en voyant la masse des déchristianisés, mais plutôt, qu'elle lève les mains au ciel en disant " bénissez-les Seigneur, ce sont des innocents, c'est nous le coupable ". Mais peut-être leur foi n'est-elle pas assez forte. S'il y a autre chose, j'aimerais l'apprendre. Ne m'en veuillez pas mon Père, si je vous ai parlé ainsi, c'est que j'attends vos lumières sur les questions suivantes.

1° En tant que chrétien quelle est l'attitude que l'on doit avoir face aux fellaghas ?

2° Quelle est la position de l'Eglise (...) ?

3° Doit-on travailler avec l'aumônier militaire ?

4° Doit-on apporter un témoignage personnel même si l'on n'est pas d'accord avec l'Eglise ?

J'en aurais encore pas mal mais celles-ci me travaillent encore vachement. Bon eh bien je vais donc attendre avec une grande impatience une réponse.

A part ça la santé est bonne, le boulot marche vachement bien. Le temps est très variable, et ça amène pas mal de malades. Il y a encore eu une crise de palu ce soir, c'est le troisième gars en quelques jours. Je suis de garde en ce moment, il est quatre heures du matin, tout le monde dort, et moi je baille péniblement.

Je vous quitte donc, en vous demandant de saluer tous les copains de ma part.

Unis par la prière et par le Seigneur.

M

P.S. : Merci pour les abonnements, je n'ai pas encore reçu les journaux, ça ne va pas tarder, il ne faut pas être pressé avec les PTT militaires. »

Lettre de Robert C, prêtre, en réponse à l'enquête sur les catholiques et la guerre d'Algérie[320] réalisée en 1997-1998.

« Dans les années 1956-1960 j'étais au grand séminaire de Nancy d'abord pour terminer un bac philo et puis commencer les études pour me destiner à être prêtre. Puis j'ai fait 28 mois d'armée : 14 en Allemagne et 14 mois en Algérie. Les études hélas au séminaire nous ont cloisonnés et l'on peut dire paradoxalement que le long service militaire a été une chance pour nous sortir d'un internat et nous frotter à tous les jeunes de France qui accomplissaient leur obligation militaire.

La guerre d'Algérie c'est sûr m'a marqué puisqu'elle a contribué à nous faire faire du " rab " ! au lieu de 18 mois d'armée j'ai été ADL (au-delà de la durée légale) de 18 mois à 24 mois, puis " super-ADL " de 24 mois à 28 mois ! 2 ans et demi de vie pris à cause de la guerre d'Algérie qu'on ne disait jamais " guerre " mais pudiquement à ce moment-là on disait " les événements d'Algérie " ! J'ai été durement militairement préparé dans une école d'officiers puis de sous-officiers pour être rompu à une guerre de guérilla dans les " chasseurs portés " et j'étais fin entraîné pour faire cette guerre ! Arrivé le premier soir en Algérie dans la région d'Oran, j'ai vu le premier tué " fellaga " exposé et abandonné dans la cour de notre caserne et j'ai " été trahi " choqué par un copain qui arrivait comme moi de l'Allemagne le jour même, je le croyais un vrai copain mais en le voyant jeter des coups de pied dans le cadavre du fellaga tué, j'ai été scandalisé et tout de suite mis dans le bain ! d'un seul coup j'étais devant l'horreur de la guerre, je voyais la bête humaine cachée en chacun de nous et je me suis juré : tout homme a une dignité, ce sera ton message !

Peut-être le commandement a-t-il senti mon attitude ; j'ai été dès le départ en Algérie détaché pour faire l'école dans un CFJA (centre de formation de la jeunesse algérienne) ; nous étions isolés à 4 militaires avec une trentaine de jeunes Algériens de 16-18 ans pour leur faire l'école et l'apprentissage d'un métier. Nous avions peur qu'ils désertent peur de ces jeunes soutirés à l'ennemi, nous avions peur qu'ils nous fassent un sale coup, nous dormions enfermés avec un revolver comme oreiller. Et en même temps pour ma part j'ai tout donné de mes compétences de mon amitié de mon idéal à ces jeunes et j'ai vécu 14 mois dans la ligne de ma vocation avec bonheur, joie de faire grandir des jeunes et qui me rendaient bien cette affection. Depuis ce temps-là je peux dire que j'aime ce peuple algérien. Que je donnerais tout pour revoir un de ces jeunes à qui j'ai fait l'école. Une fois ces jeunes ont été visités la nuit par des fells mais ils sont restés dans le centre ! Ouf !

En cette guerre d'Algérie tout en étant instituteur je croisais tous les jours ceux qui faisaient les opérations militaires ceux qui interrogeaient les prisonniers, on mangeait ensemble, j'étais au courant des " accrochages " des tués des blessés prisonniers...cette guerre m'a marqué ! J'ai eu comme un instinct un parti pris pour ce peuple algérien ! J'ai été invité à des mariages dans les villages, à des circoncisions, des familles me donnaient en cadeau des couscous des pâtisseries bien sucrées et mielleuses, les grands-pères m'embrassaient les mains parce que j'apprenais à lire à leurs grands petits enfants.

Les pieds-noirs à notre encontre sont passés d'un accueil fort au début, puis même à des invitations où l'on pouvait rencontrer leurs grandes filles (manière de trouver un lieu d'accueil en métropole si ça tournait mal pour eux ? ?) pour finir par nous en vouloir ! A " la quille " alors que le bateau nous ramenait enfin en métropole (et pas en France !) nous avions des centaines de pieds-noirs qui nous montraient le poing et leur colère ! Pour eux, nous les avions abandonnés !

J'ai connu en Algérie le putsch des généraux où tout a failli basculer. Nous à la base nous étions manipulés, notre général avait mis les chars des deux côtés : une moitié au nord pour arrêter les légalistes au cas où le putsch aurait réussi et l'autre moitié au sud pour arrêter les " putschistes " au cas où de Gaulle aurait gagné ! ! belle hypocrisie !

Nous avions 20 ans et après coup j'en veux terriblement à ceux qui étaient responsables de la formation des futurs prêtres de n'avoir jamais tenté de nous ouvrir les yeux sur cette guerre injuste mais eux-mêmes avaient-ils cette conscience ? Le supérieur du séminaire d'alors qui avait des dizaines et des dizaines de jeunes en Algérie qui lui écrivaient ce qu'ils vivaient sur le terrain, lisait une fois par semaine au reste de la communauté qui poursuivait les études, des extraits de lettres. Et malheureusement force était de constater que les lettres les plus lues aux autres jeunes futurs prêtres n'étaient que celles qui décrivaient la guerre dans ses horreurs : les accrochages, les blessés, celles qui sentaient le baroudeur plus que celles des jeunes qui tentaient la pacification, la formation, celles des gradés plus que celles de ceux qui étaient restés avec la troupe. Une telle attitude insidieusement nous poussait à faire cette guerre sans conscience.

Comme nous étions en Algérie au moment du putsch, on a souvent dit que les transistors que nous avions tous alors ont fait rater cette insurrection car nous étions branchés à l'écoute d'un Debré paniqué et d'un De Gaulle qui nous prêchait de ne pas obéir ! ! D'une manière plus terre à terre la pacification commencée, les œuvres humanitaires accomplies là-bas nous faisaient pressentir la fin des hostilités, le cessez-le-feu et donc pour nous le bonheur du retour !

Revenu en France, j'ai guetté le sort des Algériens qui nous avaient suivis soutenus et fait confiance. Nous partis, ils sont devenus, en restant, des traîtres ; et c'est avec douleur qu'un jour sur *Le Monde* j'ai vu que dans mon village où j'avais fait l'école des dizaines d'Algériens harkis avaient été pendus ! Pour nous la honte !

Je n'avais pas d'opinion personnelle pour une solution du conflit, j'étais ballotté au gré des pressions de l'armée, complètement pris dans la phase où j'étais présent et qui consistait en deux opérations semblant contradictoires mais complémentaires : on faisait une guerre dure gagnée dans le djebel avec les horreurs les plus grandes, les tués, les blessés, les tortures ET EN MÊME TEMPS " on pacifiait ", on ouvrait des dispensaires on soignait…la mauvaise conscience née de la sale guerre était contrecarrée par la bonne conscience de la pacification humanitaire ! ! On ne lisait que les journaux du pays qui nous donnaient les nouvelles proches de chez nous la Lorraine. Sur le moment hélas pas de questions pas de débats.

Si comme séminaristes futurs prêtres nous n'étions pas trop conscients des enjeux, nous avons cependant eu le grand avantage de côtoyer les jeunes hommes de notre génération de tous milieux, ceux qui croyaient au ciel comme ceux qui n'y croyaient pas ! L'amitié était extraordinaire ! Les copains sans foi ni loi ni morale veillaient sur le futur prêtre pour qu'il reste fidèle à sa vocation ! Pour moi ce fut un temps béni, hors séminaire hors internat qui me rendit heureux à cause de la proximité avec un peuple algérien pauvre et accueillant et me fit comprendre que si je devais poursuivre le séminaire ce ne serait que pour être prêtre au cœur du monde.

Reste qu'après ce temps en Algérie qui nous a marqué au fer rouge ce fut le silence, le grand silence durant plus de 30 ans ! Pourquoi ? Sinon la certitude que nous avions écrit une page pas très glorieuse de notre histoire, que nous avions vu et su que l'homme n'est pas toujours grand, qu'il y a même en lui une bête qui sommeille. Nous sommes capables de tout dans certaines circonstances ! les hommes de ma génération le savent ! »

LISTE DES SIGLES UTILISES

ACA : Assemblée des cardinaux et archevêques de France.

ACJF : Action catholique de la jeunesse française.

ACO : Action catholique ouvrière.

AG : Assemblée générale.

AGEN : Assemblée générale des étudiants nancéiens.

CFTC : Confédération française des travailleurs chrétiens.

CGT : Confédération générale des travailleurs.

CIEPS : Cercle d'information économique, politique et sociale.

CNE : Conférence nationale étudiante pour la solution du problème algérien.

FLN : Front de libération nationale algérienne.

JAC : Jeunesse agricole chrétienne.

JEC : Jeunesse étudiante chrétienne.

JOC : Jeunesse ouvrière chrétienne.

MLO : Mouvement de libération ouvrière.

MLP : Mouvement de libération populaire.

MNA : Mouvement national algérien.

MPF : Mouvement populaire des familles.

OAS : Organisation armée secrète.

PSU : Parti socialiste unifié.

TC : Témoignage chrétien.

UEC : Union des étudiants communistes.

UGS : Union de la gauche socialiste.

USRAF : Union pour la sauvegarde et le renouveau de l'Algérie française.

SOURCES ET BIBLIOGRAPHIE

I. SOURCES :

1.Enquête :

a. Entretiens :

-prêtres : Abbé Michel d'Arbonneau, Abbé de Metz-Noblat, et cinq autres prêtres.

-Deux religieuses de la Doctrine chrétienne.

-Robert Beix, professeur à la retraite, ancien rappelé en Algérie.

-François Borella, ancien jéciste et responsable national à l'UNEF, fondateur de la Conférence Nationale étudiante pour une solution du problème algérien, professeur à Nancy 2.

-Jacques B, ancien scout et retraité.

-François et Françoise Ferry, professeurs à la retraite.

-Marie-Louise Gaulard, membre d'un groupe de réflexion rattaché à la Paroisse universitaire, professeur à la retraite.

-Jean-Marc Gebler, professeur à la retraite.

-Christian Guérin, professeur d'histoire au Lycée Georges de La Tour à Metz, auteur d'une thèse et d'un livre de référence sur les Scouts de France.

-Philippe Lefebvre, ancien appelé en Algérie, professeur à Nancy 2.

-Jean L, ancien militant jociste et appelé du contingent en Algérie.

-Paul L, ancien étudiant de la Restauration, médecin.

-Pierre M, ancien scout à Nancy et appelé du contingent en Algérie.

-Gérard Nadé, ancien membre de la " Route " messine et ami de Jean Muller.

-Monique Peters, professeur.

-Jean Riedinger, ancien président de l'AGEN, professeur de philosophie à la retraite.

-Daniel Petit, ancien scout à Nancy, retraité.

-Bernadette Rémy, militante du SGEN, à la tête du Comité antifasciste à la suite de Jean Rousselet, professeur retraitée.

-Jean R, ancien militant jociste, ouvrier à la retraite.

-Gérard Rouffeteau, ancien secrétaire fédéral du PSU, professeur en retraite.

-Henriette Rouffeteau, ancienne membre du MLP puis de l'UGS et du PSU, professeur retraitée.

-Jean-Marie S, ancien scout, jeune travailleur issu des cœurs vaillants et appelé en Algérie

-Michel V, colonel de réserve.

-Pierre V, militant ouvrier.

b. Courrier: soixante témoignages écrits en réponse à mon questionnaire, dont quarante émanant de prêtres des diocèses de Nancy et de Toul, et de Metz.

2. sources archivistiques.

-Archives départementales de Meurthe-et-Moselle.
-Archives des Scouts de France, Région Lorraine.
-Archives personnelles de Michel d'Arbonneau.
-Archives personnelles de Gérard Rouffeteau.
-Mémoires de Robert Beix (non publiés).

3 . Sources imprimées :

Le Dossier Jean Muller, les Cahiers de Témoignage chrétien, n°XXIII, février 1957.

Le drame de l'Afrique du Nord et la conscience chrétienne, La Voix de l'Eglise n°5, éd. Du Vitrail, Paris 1956.

Des rappelés témoignent, Comité de Résistance spirituelle, 1957.

Pour une solution en Algérie, Extraits des travaux de la Conférence Nationale Etudiante pour une solution au problème algérien, Paris, 21-22 juillet 1956.

4. Périodiques :

a.Périodiques nationaux :
La Croix.
La France catholique.
Témoignage chrétien.
La Vie catholique illustrée.

b.Périodiques locaux :
La Croix de l'Est.
L'Est Républicain.
La Semaine religieuse du diocèse de Nancy et de Toul.

c.Feuilles de mouvements :
L'Etudiant national (Etudiants d'Action française à Nancy).
Liberté ouvrière (CFTC Moselle).
Vive la France (organe de l'OAS).

II. BIBLIOGRAPHIE.

1. Histoire orale :

Philippe Joutard, *Ces voix qui nous viennent du passé*, Hachette, 1983.

Régine Robin, " Récit de vie, discours social et parole vraie ", *Vingtième Siècle*, n°10, avril-juin1986.

2. La guerre d'Algérie :

Henri Alleg, *La guerre d'Algérie*, 3 vol.,Temps actuel, Paris 1981.Bernard Droz et Evelyne Lever, *Histoire de la guerre d'Algérie, 1954-1962*, coll. Points Histoire,Le Seuil, Paris, 1982.

Alistair Horne, *Histoire de la guerre d'Algérie*, Albin Michel, 1991.

3. Les Français et la guerre d'Algérie :

Hervé Hamon et Patrick Rotman, *Les porteurs de valises, la résistance à la guerre d'Algérie*, coll. Points Histoire, Albin Michel, 1979.

Jean-Pierre Rioux (dir), *La Guerre d'Algérie et les Français*, Fayard, Paris, 1990.

Jean-Pierre Rioux, François Sirinelli, *Les intellectuels français et la guerre d'Algérie*, Complexe, 1991.

Benjamin Stora, *La Gangrène et l'Oubli, la mémoire des années algériennes*, coll. Cahiers libres, La Découverte, 1991.

Benjamin Stora, *Appelés en guerre d'Algérie*, coll. Découvertes, Gallimard, Paris 1997.

Pierre Vidal-Naquet, " Une fidélité têtue. La résistance à la guerre d'Algérie ", *Vingtième Siècle*, n°10 avril-juin 1986.

4. Religion et politique :

Emile Poulat, " Religion et politique de l'Abbé Grégoire aux prêtres ouvriers ", *Critique*, n°123-124, août-septembre 1957.

René Rémond (dir), *Forces religieuses et attitudes politiques dans la France contemporaine*, Colloque de Strasbourg, 23-25 mai 1963, A. Colin, Paris, 1965.

5. Catholiques et guerre d'Algérie :

André Nozière, *Algérie, les chrétiens dans la guerre*, éd. Cana, Paris, 1979.
La Guerre d'Algérie et les Chrétiens, cahiers de l'IHTP, n°9, octobre 1988.

6. Catholiques en Lorraine :

Serge Bonnet, *Sociologie politique et religieuse en Lorraine*, Armand Colin, Paris, 1972.

Blandine Michel, *Perception de Vatican II dans les paroisses nancéiennes*, mémoire de maîtrise d'histoire Nancy II, 1993 (non diffusé).

Ouvrage collectif, *Le ciel était rouge*, éd. Serpenoise, Nancy, 1994.

7. Scouts de France :

Bernard Giroux, *Religion et politique " La Route - Scouts de France "*, mémoire de maîtrise, ParisX Nanterre, 1996.

Christian Guérin, Eclaireurs-Scouts de France et Signe de Piste, Thèse pour le doctorat d'Etat, ParisX Nanterre, 1997.

Christian Guérin, *L'Utopie Scout de France, 1920-1995*, Fayard, Paris, 1997.

Philippe Laneyrie, *Les Scouts de France, l'évolution du mouvement des origines aux années 80*, Cerf, Paris, 1985.

8. Syndicats :

Michel Branciard, *Syndicats et partis. Autonomie ou dépendance*, tome II (1948-1981), Syros,1982.

Michel Branciard, *Un syndicat dans la guerre d'Algérie (la CFTC qui deviendra CFDT)*, Syros, 1984.

Jean-Marie Conraud, *Les militants au travail, CFTC et CFDT dans le mouvement ouvrier lorrain*, Presses universitaires de Nancy, Ed. Serpenoise, 1988.

Dominique Labbé, *L'Union Départementale CFTC-CFDT de Meurthe-et-Moselle (de la libération à nos jours)*, étude réalisée par le Cerat pour le compte du Ministère du travail et de l'emploi (rapport définitif), IEP de Grenoble, nov. 1991.

Alain Monchablon, *Histoire de l'UNEF de 1956 à 1968*, PUF, Paris, 1983.

Autres ouvrages consultés :

Gabriel Bastien-Thiry, *Plaidoyer pour un frère fusillé*, édition de la Table ronde, Paris, 1966.

François Borella, *Les partis politiques dans la France d'aujourd'hui*, Le Seuil, Paris, 1975 (2ème édition).

Louis Köll, *Ils ont voulu être prêtres, Histoire d'un Grand Séminaire, Nancy-Bosserville,1907-1936*, Presses universitaires de Nancy, 1987.

Stéphane Ravailler, *Les Scouts de France à Nancy de 1925 à 1970*, mémoire de maîtrise, Nancy 2, 1996.

René Rémond (dir.), *Foi et religion, semaine des intellectuels catholiques, Centre Catholique des Intellectuels Français*, Desclée de Brower, Paris, 1971.

Jean-Yves Riou, *Scoutisme en crise, 1945-1957*, éd. CLD, Chambray-lès-Tours, 1987.

Sous le Foulard Brun et Blanc, Troupe IV ème de Nancy. Groupe Charles Foucauld : l'Historique de 1926 à 1966, Non diffusé.

Philippe Van Thieghem, *Le romantisme français*, coll. Que-Sais-Je ? n°123, PUF, Paris 1944, 1996 (13ème édition).

Michel Winock, *Le Siècle des intellectuels*, Le Seuil, Paris, 1997.

Michel Winock, *Histoire de l'extrême-droite en France*, coll. Points Histoire, Seuil, Paris, 1994.

NOTES

1. Serge Bonnet, *Sociologie politique et religieuse de la Lorraine*, Armand Colin, Paris, 1972, p. 160.

2. Entretien avec François Borella.

3. Entretiens avec François Borella et Christian Guérin.

4. Le Comité théologique de Lyon dépend des facultés de théologie de Lyon; ses déclarations n'ont rien d'officielles, mais sa réputation de compétence fait qu'elles sont estimées. Les *Notes doctrinales publiées par le Comité théologique de Lyon* ont été reprises par *La Semaine religieuse de* Lyon du 3 juin 1955, puis dans la brochure de *La voix de l'Eglise*, n°5, Editions du Vitrail, 1955. Le texte témoigne d'une grande ouverture, en se référant par exemple aux écrits du clergé catholique africain et des étudiants d'outre-mer, en dénonçant en note les tortures - " les tortures policières qui ont été, hélas ! pour la honte de la France, infligées parfois en ces derniers temps " et les violences individuelles qui, si elles " peuvent s'expliquer psychologiquement, ne peuvent aucunement être justifié(e)s moralement ". Il distingue une colonisation consentie et bienfaitrice, qui " se fonde sur le bien de la communauté humaine " et est destinée à n'être que " provisoire et historique ", d'une colonisation forcée qui, elle, n'est en aucun cas justifiable. Le paragraphe consacré à l'Algérie en particulier affirme " la légitimité des aspirations à l'indépendance du peuple algérien ".

5. On peut supposer que l'évêque veille dans une certaine mesure au contenu de la *Semaine religieuse*.

6. *Semaine religieuse de Nancy et de Toul* du 23 octobre 1955.

7. André Nozière, *Algérie, les chrétiens dans la guerre*, éd. Cana, Paris 1979. L'ensemble de l'ouvrage est consacré aux attitudes des chrétiens en Algérie exclusivement. Une "Etude comparative des déclarations de l'Assemblée des cardinaux et archevêques de France et des prises de position de Mgr Duval, archevêque d'Alger " figure en annexe, p. 309 à 313. Elle dévoile avec efficacité et précision le décalage constant entre les positions de l'ACA et celles de Mgr Duval, jusqu'à l'époque des violences de l'OAS. Pour André Nozière, " l'archevêque d'Alger, membre de droit de l'ACA n'a pas été étranger " à l'évolution de ses positions, qui sont le fruit d'un compromis entre les positions de chacun.

8. " Prières pour la paix en Afrique du Nord ", dans la *Semaine religieuse de Nancy et de Toul* datée du 22 avril 1956.

9. Une anecdote relatée dans l'ouvrage collectif *Le Ciel était rouge*, éd. Serpenoise, 1994, p. 186, donne un aperçu de la façon dont a été reçu le message par les milieux concernés. René Margo, prêtre ouvrier, recopie le texte pour l'envoyer " sans commentaires " à son confrère Robert Pfaff.

10. Un autre sujet brûlant à l'époque est la défense de l'école libre.

11. Robert Barrat était journaliste à *Témoignage chrétien*.

12. L'incident est étudié plus en détail dans la troisième partie, pp. 89 et 103-104.

13. Entretien avec François Borella.

14. Voir pp. 3-4.

15. *Semaine religieuse* du 20.04.1958.

16. *Semaine religieuse* du 18 mai 1958.

17. A ce propos, un article de la *Semaine religieuse* du 03.08.1958 paraît dans *La France catholique* du 15.08.1958. Il s'intitule " Trop, c'est trop " et est révélateur d'une part de l'exaspération de l'évêque face aux courants progressistes qui s'éveillent au sein de l'Eglise, et d'autre part, de l'adéquation entre les idées du journal et celles de Mgr Pirolley.

18. *Semaine religieuse* du 1juin 1958.

19. Serge Bonnet, membre du clergé du diocèse de Nancy et de Toul, constate et explique cette angoisse constante face à tout ce qui pourrait diviser ses fidèles : " L'évêque, comme le préfet est sans cesse en train de reconstituer une autorité que l'administration quotidienne émousse.(...) Les évêques sont obsédés par l'unité à créer et recréer plus que par l'autorité à sauvegarder " (Serge Bonnet, *op. cit.*, p.161).

20. La " transcendance de la foi, par rapport aux affaires d'ici-bas " permet de trouver des catholiques " dans des groupes, partis et organisations les plus différents, voire les plus opposés ". (*Semaine religieuse* du 22 avril 1962).

21. Déclaration de l'ACA du 14 octobre 1960.

22. L'action de " prier pour l'Algérie " n'est pas particulière aux conservateurs. *La Vie catholique illustrée* lance une action de prière pour pousser les Algériens " à s'engager résolument dans la vie de l'association et de l'autodétermination " (24 avril 1960). De même, des chrétiens de gauche, protestants et catholiques favorables à l'indépendance, ont prié ensemble pour la paix (entretien avec François Borella).

23. La déclaration est reproduite dans la *Semaine religieuse* du 30 mars 1957.

24. Le "Mot de Monseigneur " de la *Semaine religieuse* du 18 décembre 1960 montre quel prix il faut attacher à la moindre modification des positions de Mgr Pirolley : " Que de fois l'Eglise, à propos des enseignements et des actes de la hiérarchie, ne se trouve-t-elle pas mise en accusation, et taxée d'intolérance? (...)Comme si la vérité, le bien, la vertu, la loi divine et la loi naturelle devaient suivre, pour s'y " adapter ", les fluctuations hasardeuses et dangereuses des mentalités et des mœurs de chaque " époque "!(...) Ils ne peuvent oublier que la " garde du dépôt " est leur obligation première, pour que soit transmis sans altération le " Message ", et maintenue sans ombre la lumière qui doit éclairer tout homme venant en ce monde ".

25. Serge Bonnet, *op. cit.*

26. 47 prêtres ont apporté leur témoignage, dont 7 par entretien oral.

27. Lettre de l'Abbé Victor H.

28. Blandine Michel, *Perception de Vatican II dans les paroisses nancéiennes*, mémoire de maîtrise, Nancy II, 1993.

29. Réponse de l'Abbé Claude M au questionnaire.

30. Lettre du RP K.

31. Réponse de l'Abbé Claude M au questionnaire.

32. Entretien avec un prêtre.

33. Un prêtre connu pour ses prises de position " Algérie française " a répondu qu'il n'avait pas le temps à consacrer à mon enquête. Par ailleurs, les personnes interrogées connaissant des noms ont parfois peur de " dénoncer ".

34. Lettre de l'Abbé Robert N.

35. Lettre de l'Abbé Raymond R.

36. Lettre de l'Abbé Pierre C.

37. Réponse au de l'Abbé Michel K au questionnaire; entretien avec l'Abbé C.

38. Lettre de l'Abbé Raymond R.

39. Deux autre prêtres ont des sympathies pour ces positions sans pour autant y adhérer : ils prennent leurs distances vis-à-vis d'un *Témoignage chrétien* trouvé trop radical, mais en signalent l'existence ; ils ont adhéré à la solution que proposait de Gaulle en considérant que le processus de décolonisation était inéluctable.

40. Entretien avec l'Abbé Michel d'Arbonneau.

41. Le parcours de ces trois prêtres est raconté dans l'ouvrage collectif *Le ciel était rouge*, op. cit.

42. C'est en fait en octobre 1962, d'après Rosette Choné (*Le ciel était rouge*, op. cit., p.234) " qu'on lui fait savoir par téléphone qu'on en a assez de lui dans le diocèse, et qu'on lui donne l'autorisation de rejoindre l'équipe de ses "anciens camarades de Paris" ".

43. *Ibidem*, p.223 : " Margo (...) avait pu trouver une solution en Algérie. Selon Michel Bordet, il était parti là-bas dans l'espoir de "se faire tuer ". Margo avait affirmé : " Je ne suis pas fait pour être curé...solution à envisager comme toute dernière carte ".

44. *Ibidem*, p.221.

45. Le rapport de gendarmerie du 22 janvier rapporte de la manière suivante les paroles de l'Abbé d'Arbonneau " Les soldats français se conduisent comme des tortionnaires vis-à-vis des rebelles, soutirant sous la torture les renseignements à ces pauvres patriotes ". Serge Bonnet note en défaveur de l'exactitude de la citation que "*ces pauvres patriotes* fleure bien le style ecclésiastique, mais [que] c'est celui de la génération précédente ". Le rapport signale aussi que l'attitude de Michel d'Arbonneau " tend d'ailleurs à se généraliser parmi les prêtres du bassin [de Longwy] qui s'intéressent aux questions ouvrières, et qui, sous prétexte d'apostolat, traitent de la politique et des problèmes où la religion n'occupe aucune place ". Serge Bonnet, *op. cit.*, p.132.

46. Lettre du 19 septembre 1957, du curé de Hussigny à un vicaire.

47. Cette " génération " de prêtres n'est représentée que par trois réponses au questionnaire dans mon échantillon; ils ont cependant assez de points communs pour être isolés.

48. Réponse au questionnaire de l'Abbé Maurice J.

49. L'évolution de l'opinion française est retracée par Charles-Robert Ageron dans " L'opinion française à travers les sondages ", dans Jean-Pierre Rioux (dir.), *La Guerre d'Algérie et les Français*, Fayard, Paris 1990, pp. 25-44.

50. Réponses de l'Abbé Maurice J, de l'Abbé Jacques B et de l'Abbé Yvon G au questionnaire.

51. Ce pacifisme a une assise beaucoup plus large que les seuls chrétiens. Michel Winock prend acte d'un " pacifisme latent " de l'opinion française en général. M Winock, " Pacifisme et attentisme " dans J-P Rioux, *op. cit.*, p.15-21.

52. Un numéro de *La Route*, rédigé par l'équipe de Paul Rendu, conseille de lire le dossier Jean Muller publié par *Témoignage chrétien* et par *L'Humanité*, dont les numéros concernés ont été saisis. Le Commissaire général, Michel

Rigal refuse la compromission politique et fait retirer la page incriminée dans le numéro concerné. L'équipe nationale Route s'incline mais demande du moins à envoyer à tous les chefs et commissaires une lettre d'appui au témoignage de Jean Muller regrettant la censure pratiquée au nom de l'unité. Michel Rigal propose une mouture qu'il signe lui-même et où il insiste sur les risques de division. L'ENR se sent trahie et démissionne.

53. Jean-Yves Riou, *Scoutisme en crise, 1945-1957*, édition CLD, Chambray-lès-Tours, 1987, p. 146.

54. Entretien avec Gérard Nadé, qui prépare avec ses amis anciens routiers un ouvrage sur Jean Muller. Le reste des routiers étaient surtout des lycéens ; il n'y avait en revanche que peu, voire pas du tout, d'étudiants : l'université se trouvait à Nancy.

55. J.-Y. Riou, *op. cit.*

56. Gérard Nadé précise que le parlementaire Schaff était le maire de Montigny, et que les routiers messins, dont Jean Muller, le connaissaient bien. Avec cette précision, le geste de Jean Muller paraît plus naturel.

57. *Dossier Jean Muller*, Cahiers du Témoignage chrétien XXXVIII.

58. " Mais à côté de cela, il faut que je vous parle longuement des tortures. 4 sous officiers et 10 officiers avec une section de rappelés s'en chargent; motif : c'est le seul moyen d'obtenir des renseignements. Au camp de Tablat, il y a en moyenne 150 suspects internés que l'on questionne.

- Courant de magnéto aux parties et aux oreilles.

- Station au soleil dans une cage grillagée.

- Station nu à cheval sur un bâton, pieds et mains liés.

- Coups de nerf de bœuf.

- " Coup " de la porte : on coince la main et on appuie.". *Ibidem*, p.17.

59. Lorsqu'il est muté pour son comportements peu docile, il décrit la compagnie qu'il va quitter en ces termes : " Nous nous entendions bien dans notre compagnie (...) Je laisse dans cette compagnie une communauté humaine et une communauté de chrétiens ". *Ibidem*, p.15.

60. *Ibidem*, p.17 : " La population non européenne les suit de gré ou de force : ici, à la ferme Brahimi, nous avons recueilli une famille d'Arabes, qui refusait de payer l'impôt aux fellaghas. Ceux-ci réclament 40.000 francs + 2 moutons + 400 francs par mois.

Il y a trois semaines, une jeune fille s'est réfugiée au camp, car les fellaghas ramassaient toutes les jeunes filles dans le coin pour les emmener dans leur maison de repos. Nous avons vu aussi des Arabes égorgés. "

61. Christian Guérin, *Eclaireurs-Scouts de France et le Signe de Piste. Histoire d'un système de représentation (1920-1964)*, Thèse présentée pour le doctorat d'Etat (Histoire) sous la direction de René Rémond, Paris X Nanterre, 1997. Vol. 3, p. 176.

62. C'est l'impression qu' a retenue l'Abbé de Metz-Noblat, qui a été aumônier général des Scouts de France en 1955-58 (entretien).

63. Christian Guérin parle de " systèmes représentationnels ", montrant ainsi qu'il s'agit de modes de pensée radicalement différents entre les tenants du scoutisme ancienne manière (Michel Rendu), et les membres de l'ENR.

64. Etienne Fouilloux, " Chrétiens et juifs : comme les autres ? ", dans J-P Rioux, *op. cit.*

65. Lettre de Rigal à Lallier, juin 56, archives privées.

66. Bernard Giroux nous apprend que Paul Rendu a été boîte aux lettres du FLN. Bernard Giroux, *Religion et politique,* " *La Route –Scouts de France* ", mémoire de maîtrise, Nanterre, 1996.

67. Christian Guérin, *op. cit.*, vol. 3, p. 181-182.

68. Les indications sur la Route messine m'ont été fournies par Gérard Nadé exclusivement.

69. " A propos des Cercles d'information politique, économique et sociale de la " Route ", texte dactylographié, archives privées.

70. Cependant, la JOC et les Eclaireurs de France ont refusé d'y participer.

71. Robert Bonnaud, *Itinéraires*, fin 1955, cité par Benjamin Stora dans *Appelés en guerre d'Algérie*, Découvertes Gallimard, Paris, 1997.

72. Jean-Marie Straub, qui est devenu cinéaste, n'était pas scout.

73. Bernard Giroux, *op. cit.*, p. 158, d'après les *Cahiers libres* n°4, 1960.

74. Entretiens avec François Ferry, Jean-Marc Gebler, Jacques B.

75. Ainsi, Philippe Laneyrie (*Op. cit.*, p. 260) précise en note de bas de page que les lettres de Jean Muller sont peut-être seulement " attribuées à Jean Muller. La controverse n'est pas tout à fait éteinte sur ce point, l'authenticité de ces lettres ayant été et étant encore remise en doute par certains ". Ph. Laneyrie penche plutôt en faveur de l'authenticité, remarquant qu' " à l'époque aucune action en faux et usage de faux n'a été intentée à l'encontre de *Témoignage chrétien*, qui comptait pourtant de farouches adversaires à droite et au sein même du gouvernement ".

76. Bernard Giroux, *op. cit.*

77. *Ibidem*, p. 177.

78. Le clan tire son nom du missionnaire jésuite et voyageur Jacques Marquette, qui a vécu au dix-septième siècle, et a découvert le Mississippi.

79. Aline Coutrot, " Les scouts de France et la guerre d'Algérie ", dans *La guerre d'Algérie et les chrétiens*, cahiers de l'IHTP, n°9, octobre 1988.

80. Lettre d'un responsable de Vie Nouvelle à Roubaix à André Cruiziat, fin mai 1956, archives privées.

81. Entretien avec Jacques B.

82. L'expression " Algérie française " ne désigne ici pas ceux qui ont admis d'abord l'idée que l'Algérie était française comme allant de soi puis se sont ralliés assez vite à la solution du Général de Gaulle, mais bien ceux qui sont resté favorables au maintien de l'Algérie dans la France jusque 1962.

83. Dans l'Action catholique spécialisée, en particulier pour la JEC et la JOC, les opinions étaient relativement homogènes car il y avait volonté de se mêler " des choses de la cité ", et un discours officiel relatif à la guerre d'Algérie. C'est toute la différence entre mouvement d'éducation (les Scouts de France) et mouvement de jeunesse.

84. Gérard Nadé note à ce propos : " Il y a eu amorce d'un cercle à Nancy, à mon avis. J'ai assisté à une ou plusieurs réunions...mais il fallait créer une " structure officielle ", ceci était difficile...nous ne pouvions le faire à leur place ".

85. *L'Etudiant catholique*, revue annuelle du GEC rend compte de la coexistence de ces actions charitables avec l'opinion " Algérie française " à travers deux articles. Le premier est un récit encourageant l'action des étudiants auprès des Nord-Africains, et le second oppose, dans une " tribune libre ", les opinions de deux jeunes gens sur la solution à donner au conflit algérien. Or

c'est le même étudiant qui a rédigé le premier article en 1955 et qui défend avec conviction les thèses " Algérie française " dans le second, en 1956.

86. Philippe Laneyrie, *op. cit.*, Paris, 1985, p. 251-253.

87. Entretien avec Jean-Marie S.

88. Entretien avec Jacques B.

89. Voir Chapitre 1, sur les scouts.

90. Cité par *Sous le Foulard Brun et Blanc. Troupe IV° de Nancy. Groupe Charles de Foucauld : L'Historique de 1926 à 1966*. Maurice Noirel est mort en Algérie, alors qu'il s'était mis au service des musulmans dont la condition sociale l'avait choqué. Tué " par ceux dont il avait voulu être l'ami, le conseiller " dit cet ouvrage...

91. Entretien avec Christian Guérin.

92. Article 2 de la loi scoute.

93. Entretien avec Pierre M.

94. Aline Coutrot, *Cahier de l'IHTP, n°9, op. cit.*, p.133 : " Philippe Missotte, chef de clan, choisit une formation de parachutiste. Il rapporte que dans les deux groupes qui terminèrent leur entraînement en même temps que lui, l'un comportait 28 scouts sur 32 hommes et l'autre 25 pour le même effectif. Il s'agissait, dit-il, de se surpasser, d'aller jusqu'au bout de soi même. Mais la prise de contact brutale avec le problème algérien modifie rapidement ses perspectives ".

95. Entretien avec Jean-Marie S.

96. Idem.

97. Lettre de l'Abbé Robert C.

98. Entretien avec l'Abbé S.

99. Lettre de l'Abbé Robert C.

100. Entretiens avec l'Abbé F et l'Abbé de Metz-Noblat.

101. *Semaine religieuse de Nancy et de Toul*, 17 août 1958.

102. Lettre de l'Abbé Jean-Paul D.

103. Je n'ai qu'un seul témoignage concernant ce point.

104. Lettre de l'Abbé Robert C.

105. Entretien avec R Beix.

106. Cette motion de la JOC est publiée dans *Le drame de l'Afrique du Nord et la conscience chrétienne*, La Voix de l'Eglise n°5, op. cit.

107. Entretien avec Jean R.

108. Entretien avec Pierre V.

109. Entretien avec Jean R.

110. Archives privées.

111. Lettre de l'Abbé Jean-Paul D.

112. Xavier Boniface, " Au service de la Nation et de l'Armée : les aumôniers militaires français de 1914 à 1962 ", *Guerres mondiales et conflits contemporains*, n°187, juillet 1997, PUF.

113. Entretiens avec Pierre M et Jacques B. Une description des actions menées par des scouts de Nancy est faite par Stéphane Ravailler, dans son mémoire de maîtrise *Les Scouts de France à Nancy de 1925 à 1970*, Nancy 2, 1996.

114. Entretien avec Jean R.

115. Entretien avec Jacques B.

116. Lettre de l'Abbé Jean-Paul D. Je n'ai pas trouvé d'autres témoignages concernant ce séminariste, ni le numéro de *La Vie catholique* en question.

117. Entretien avec l'Abbé Michel d'Arbonneau.

118. Entretien avec M et Mme Rouffeteau.

119. Lettre de l'Abbé Robert C.

120. Lettre de Vincent T.

121. Entretien avec André S.

122. La peur d'une trahison de la part des musulmans avec qui les soldats du contingent sont isolés est très présente, même si des liens d'amitié se créent : " Nous étions isolés à quatre militaires avec une trentaine de jeunes Algériens de 16-18 ans pour leur faire l'école et l'apprentissage d'un métier. Nous avions peur qu'ils désertent, peur de ces jeunes soutirés à l'ennemi, nous avions peur qu'ils nous fassent un sale coup, nous dormions enfermés avec un revolver comme oreiller " (Lettre de Robert C).

123. Ces bases morales ne sont pas forcément religieuses.

124. Lettre de Robert C.

125. Lettre de Jean-Marie V.

126. Lettre de Martin P.

127. Lettre de Jean-Paul D.

128. Benjamin Stora, *Appelés en guerre d'Algérie, op. cit.*, p.34.

129. Entretien avec Jean-Marc Gebler.

130. Les témoignages que j'ai recueillis sur cet événement, au nombre de trois, émanent de personnes qui ont fait une analyse particulièrement critique de la guerre d'Algérie.

131. Entretien avec Jean-Marie S.

132. Note de l'état-major citée par Bernard Droz et Evelyne Lever, *Histoire de la guerre d'Algérie 1954-1962*, Seuil, coll. Points Histoire, Paris 1982, p.194.

133. Le pourcentage exact est 96,5% des suffrages exprimés pour le " oui ", et 76,1% des inscrits en Algérie (B. Droz et E. Lever, *op. cit.*, p.196).

134. Entretien avec Jacques B.

135. Lettre de Robert C.

136. C'est de cette manière que Michel d'Arbonneau et l'Abbé P ont été rappelés : l'officier avait réclamé un prêtre dans chacun des deux cas. L'Abbé P s'est ensuite engagé comme aumônier militaire, par goût.

137. Les aumôniers militaires dépendent non de leur diocèse d'origine, mais du diocèse aux armées, qui centralise toutes les données, ce qui complique les recherches.

138. Etienne Fouilloux, " Chrétiens et juifs : comme les autres ? ", dans J-P Rioux, *op. cit.*

139. Entretien avec l'Abbé C. Voir aussi le texte de la *Semaine religieuse de Nancy et de Toul* datée du 15 mars 1959, sur le rôle de l'aumônerie militaire.

140. André Nozière, *op. cit*, p.142.

141. *Ibidem.*

142. Lettre de l'Abbé Vincent T.

143. Lettre de l'Abbé Jean-Marie P.
144. Blandine Michel, mémoire de maîtrise, *op. cit.*
145. Lettre de l'Abbé Jean-Marie V.
146. Blandine Michel, *op. cit.*
147. Lettre de Robert C.
148. Entretien avec Jacques B.
149. Entretien avec Jacques B et lettre de Jean-Paul D.
150. Entretien avec André S.
151. Lettre de Jean-Paul D.
152. Entretien avec André S.
153. Rapporté par l'Abbé Michel d'Arbonneau.
154. C'est dans ce sens que vont les démonstrations de l'aumônier parachutiste Delarue, qui scandalise la presse française au moment de la campagne contre la torture. Il justifie les " moyens efficaces " de la manière suivante: " Puisqu'il est légalement permis, dans l'intérêt de tous de supprimer un meurtrier, pourquoi vouloir qualifier de monstrueux le fait de soumettre un criminel, reconnu comme tel par ailleurs, et déjà passible de mort, à un interrogatoire pénible? Entre deux maux : faire passagèrement souffrir un bandit pris sur le fait, et qui d'ailleurs mérite la mort, en venant à bout de son obstination criminelle par le moyen d'un interrogatoire obstiné, harassant et, d'autre part, laisser massacrer des innocents que l'on sauverait si, de par les révélations de ce criminel, on parvenait à anéantir le gang, il faut sans hésiter choisir le moindre : un interrogatoire sans sadisme, mais efficace ." Les citations sont extraites du livre de Jacques Massu, *La vraie bataille d'Alger*, et reprises par André Nozière, *op. cit.*, p.132.
155. Cité par André Nozière, *ibidem*, p.124 -125.
156. *Dossier Jean Muller, op. cit.*, p.19. " Leur " semble désigner les rappelés et les jeunes appelés de contingent, sans que cela soit vraiment précisé.
157. Entretien avec Jacques B.
158. Entretien avec Jean-Marie S.
159. Réponse au questionnaire de Guy A.
160. L'expression des oppositions à cette guerre n'est bien sûr pas le monopole des catholiques. Dans son article " Silence et discours ancien combattant " (dans Jean-Pierre Rioux, *op. cit.*,p.509-516), Claude Liauzu note " 7 souvenirs d'actions de résistances affirmées sur 170 témoins " sans sélection portant sur la religion; cette proportion est peut-être sous évaluée du fait de l'utilisation des archives d'une association d'anciens combattants, la FNACA.
161. Réponse à l'enquête de Jean G.
162. Entretien avec Michel d'Arbonneau.
163. Réponse au questionnaire de Guy A.
164. Lettre de l'Abbé Jean-Paul D.
165. Réponse au questionnaire de François G.
166. Lettre de l'Abbé Jean-Paul D.
167. Archives personnelles de Michel d'Arbonneau.
168. Entretien avec Jean R.
169. Entretien avec Jean L.
170. ADMM 94 J 6, Lettre d'un soldat, caserne de Metz, Noël 1955.

171. Claude Liauzu, " Le contingent entre silence et discours ancien combattant ", dans J-P Rioux, *op. cit.*, p. 509 à 516.

172. Entretien avec Jacques B.

173. Lettre de Vincent T.

174. Benjamin Stora, *La Gangrène et l'oubli*: les Français se sont empressés de reléguer la guerre d'Algérie hors de leurs préoccupations dès l'indépendance.

175. Lettre de Vincent T.

176. Claude Liauzu, "Le contingent entre silence et discours ancien combattant ", dans Jean-Pierre Rioux, *op. cit.*: " Le silence qu'on impute au contingent débouche sur un problème tout autre : l'impossibilité où il est d'obtenir un statut dans la conscience historique française, dans la mémoire nationale (...) L'évolution de cette guerre et sa fin ne trouvent pas leur place dans notre vulgate historique, elles en contredisent les éléments de base. Car elles en ont été la négation : défaite, division, perte de l'innocence. "

177. Lettre de Robert C.

178. Lettre de Jean-Marie V.

179. Louis Köll, *Ils ont voulu être prêtres, Histoire d'un Grand Séminaire, Nancy Bosserville 1907-1936*, Presses universitaires de Nancy, 1987.

180. Voir pp. 68-69.

181. Entretien avec Jacques B.

182. " De jeunes militants dans le contingent : l'enquête des organisations de jeunesse de 1959-1960", dans Jean-Pierre Rioux (dir.), *op. cit.*, p.86-98. L'IRESCO est l'Institut de recherche sur les sociétés contemporaines.

183. Lettre de Martin P.

184. Lettre de Vincent T.

185. Lettre de Vincent T.

186. Entretien avec André S.

187. Lettre de Martin P.

188. ...ou peut-être s'agit-il seulement de la plupart de ceux qui ont bien voulu témoigner?

189. Réponse au questionnaire, anonyme.

190. Entretien avec Pierre M.

191. Lettre de Jean-Marie P.

192. Entretien avec Jean R.

193. Lettre de Jean-Marie P.

194. Lettre de Vincent T.

195. Conclu par ces mots de Paul VI : " Pour connaître l'homme, il faut connaître Dieu. Pour connaître Dieu, il faut connaître l'homme. "

196. Entretien avec Jacques B.

197. Tout cela est peut-être moins vrai pour ceux qui sont partis en Algérie en sachant à quoi s'attendre, comme les militants jocistes déjà bien avertis.

198. Réponse de Jean G au questionnaire.

199. Entretien avec Jacques B.

200. Lettre de Vincent T.

201. Mais dans l'ensemble n'ont été contactés que des catholiques qui ont encore actuellement une place au sein de l'Eglise.

202. Lettre de Martin P.

203. Supplément à *La vie catholique illustrée* du 25 janvier 1961. L'enquête est faite à partir des témoignages de 607 soldats qui ont répondu par courrier à un questionnaire.

204. L'ACO est alors toute récente et compte encore peu d'adhérents.

205. Expression utilisée à plusieurs reprises par Jean L pour désigner les entreprises de recrutement.

206. Voir p. 15.

207. Voir p. 42.

208. Jean-Marie Conraud, *Les Militants au travail, CFTC et CFTC dans le mouvement ouvrier lorrain*, Presses universitaires de Nancy, Ed. Serpenoise, 1988. P. 207, la citation d'un dirigeant de cette tendance est très explicite : " Face au matérialisme et au socialisme de la CGT, le syndicalisme chrétien entend apporter une réponse chrétienne aux problèmes du monde ouvrier ".

209. Dominique Labbé, *L'Union Départementale CFTC-CFDT de Meurthe-et-Moselle (de la libération à nos jours)*, étude réalisée pour le compte du ministère du travail et de l'emploi, IEP de Grenoble, nov. 1991. Les deux tendances et leurs milieux d'enracinement respectifs sont étudiées de manière synthétique.

210. J-M Conraud, *op. cit.*, p. 215.

211. Michel Branciard, "le syndicalisme chrétien et la guerre d'Algérie ", *La Guerre d'Algérie et les Chrétiens*, Cahiers de l'IHTP, n°9, octobre 1988. Michel Branciard distingue parmi les membres de la minorité les "précurseurs ", qui avaient déjà conscience en 1954 du processus de décolonisation, des "convertis ".

212. Entretien avec Bernadette Rémy.

213 M. Branciard, *op. cit.*, p. 111.

214. *Liberté ouvrière*, juin 1960.

215. ADMM, 1 J 325, Archives personnelles de M. Jean Crosato, premier lamineur aux Hauts-Fourneaux de la Chiers, conseiller municipal de Longwy, militant CFTC.

216. Les journaux du Pays Haut comme *Maîtrise* se ressentent de cette nécessité de travailler avec la CGT, qui est de moins en moins stigmatisée comme adversaire déloyal.

217. Placer le paragraphe sur les " porteurs de valises " dans la partie concernant les milieux ouvriers est discutable ; pourtant, les porteurs de valises ont existé aussi dans le milieu ouvrier, et c'est l'occasion de montrer que certains, là aussi, sortent du chemin tracé par l'appartenance à tel ou tel mouvement ; que, tout comme c'était le cas chez les étudiants, les parcours individuels ont été parfois originaux. Toutefois, cet engagement s'est fait sous l'impulsion d'un professeur de faculté, André Mandouze, venu recruter dans les zones ouvrières où se concentraient les travailleurs algériens.

218. Le réseau Jeanson d'aide au FLN, s'organise en 1957 autour du philosophe Francis Jeanson et rassemble des prêtres ouvriers et des laïcs de toutes obédiences. Les activités sont l'hébergement de responsables du FLN, leur transport ; enfin, les " porteurs de valises " à proprement parler sont chargés de convoyer vers Paris les collectes réalisées par le FLN, dans tous les lieux de France où résident des Algériens.

219. *La France catholique*, 28 avril 1960. Le journal catholique ultra-conservateur n'est habituellement pas le reflet de l'opinion. Cela dit, à propos

du réseau Jeanson, il ne fait que dire plus simplement ce que la " grande presse " voile sous le scandale classique, mêlant vénalité, sexualité, ou convictions extrémistes comme seuls mobiles de la " trahison ". *France-Observateur*, animé par Bourdet et Martinet, est moins catégorique dans le rejet du réseau Jeanson, dont les membres sont tout de même taxés de " désespérés " et de " romantiques ". Il faut dire que la préoccupation de Claude Bourdet et Gilles Martinet est à l'époque de ne pas faire échouer le rassemblement des forces de la nouvelle gauche au sein du PSU, fondé le 3 avril 1960 (H. Hamon et Patrick Rotman, *op. cit.*, pp.199-213).

220. *Témoignage Chrétien* 18 mars 1960. En dépit de ces réserves, *TC* se refuse à condamner toute forme d'opposition quelle qu'elle soit, car "la guerre d'Algérie nous force à vivre dans la contestation ", et toutes ces attitudes, même extrêmes, ne sont que "les fruits de la guerre ".

221. Pierre Vidal-Naquet, " Une fidélité têtue. La résistance française à la guerre d'Algérie. ", *Vingtième Siècle*, n°10, avril-juin 1986, pp. 3 à 18. A l'inverse, le terme de " tiers-mondiste " pour qualifier l'opposition de Pierre V à la guerre d'Algérie semble inadéquat tant la vision d'une Algérie comme figure " de juste souffrant " et " de figure christique " est absente des motivations. Pierre V agit " en chrétien " et en fonction de l'exemple qui lui est donné par le souvenir de l'hébergement de juifs dans des familles françaises pendant la deuxième guerre mondiale.

222. André Mandouze, professeur d'université, a été cofondateur de *Témoignage Chrétien* au moment de la résistance. Après la Libération, il s'est installé en Algérie, où il a tôt pris contact avec les milieux nationalistes algériens. Il est muté à Strasbourg en 1956, sous la pression des étudiants pieds-noirs de la faculté d'Alger.

223. On trouve ainsi des communistes ou ex-communistes, des socialistes, le philosophe Francis Jeanson et divers intellectuels. (H. Hamon, P. Rotman, *op. cit.*. Voir en particulier la rubrique " Repères biographiques ".)

224. Le Groupe Catho est, à Nancy, un groupe d'étudiants catholiques. D'après Monique Peters, cadre au Groupe Catho dans les années de la guerre d'Algérie, les réunions pouvaient rassembler 800 à 900 étudiants, de quoi remplir la chapelle de l'Arsenal.

225. Antoine Prost, " la Fédération française des étudiants catholiques ", dans René Rémond (dir.), *Forces religieuses et attitudes politiques dans la France catholique*, Armand Colin, Paris, 1965. La FFEC (Fédération française des étudiants catholiques) est une fédération qui regroupe des groupes locaux variés, dont les responsables se retrouvent pour le Congrès annuel. Sa fonction serait d'incarner " en quelque sorte l'unité visible de l'Eglise dans le monde étudiant ". Contrairement à la JEC, la FFEC ne prétend pas assurer la présence catholique dans les activités profanes. Antoine Prost situe la FFEC du côté de " la gauche du MRP, [du] Club Jean Moulin et [du] PSU " en dépit de son apolitisme. D'après les témoignages recueillis sur Nancy, qui émanent de cette tendance de " chrétiens de gauche " (J.-M. Gebler, F. Ferry, M. Peters), il semblerait que le Groupe Catho était plutôt marqué à droite, plutôt Algérie française et favorable à l'enseignement libre.

226. Entretien avec François Ferry, qui a été l'un des présidents du Groupe Catho sur Nancy au moment de la guerre d'Algérie.

227. Idem.

228. Lettre de l'Abbé André Colin.

229. Serge Bonnet, *op. cit.*, p.132.

230. Jean-Marc Gebler a été au bureau national de la JEC, en même temps que Michel de la Fournière, qui est devenu président de l'UNEF.

231. Alain Monchablon, *Histoire de l'UNEF*, P.U.F, Paris 1983, p.47-48.

232. Lanza del Vasto (1901-1981) était l'apôtre de Gandhi, et voulait introduire l'enseignement non-violent dans la culture chrétienne. Il fonda à cet effet la communauté de l'Arche à Bollène, puis à la Borie-Noble, dans le haut Languedoc. Il définit l'Arche comme " groupement de familles de toutes confessions qui tentent d'appliquer le principe non-violent à tous les plans de la vie ". La vie de la communauté est fondée sur le travail agricole, l'artisanat, et, du point de vue spirituel, sur la méditation.

233. François Ferry cite aussi le nom d'un prêtre non-violent qui a pu avoir un rôle dans la diffusion de la non-violence dans les milieux catholiques de Nancy, qui est restée tout de même très limitée.

234. Les minos sont les héritiers de la Charte de Grenoble, qui se voulait une rupture avec le passé politique de l'UNEF, dont l'apolitisme proclamé n'avait eu d'autre conséquence qu'une " collaboration (avec ou sans majuscule) avec les autorités " (Alain Monchablon, *Histoire de l'UNEF*, P.U.F, Paris 1983. Pp. 16-20).

235. Entretien avec François Borella.

236. *L'Etudiant national*, n° 10 bis, novembre 1961.

237. Entretien avec François Borella.

238. Un débat a agité et divisé les catholiques à cette époque, ranimé par la loi Debré : c'est celui de l'école libre. Jean Riedinger aurait pris position -fort modérément à son avis- en faveur d'une certaine école libre qui pouvait exister aux côtés de l'école laïque qui resterait la plus importante. Il aurait écrit à cet égard un article dans le journal étudiant *L'Amicale des Lettres* (entretien avec Jean Riedinger).

239. L'UGEMA (Union Générale des Etudiants Musulmans Algériens) est le syndicat des étudiants algériens, et est plus ou moins ouvertement liée au FLN.

240. Entretien avec Jean-Marc Gebler.

241. Alain Monchablon, *op. cit.*, p. 65-66.

242. Entretien avec François Borella

243. Michel de la Fournière, dans son article "Etudiants face à la guerre " (J.-P. Rioux, *op. cit.*, p. 99-108) insiste sur le contexte qui a vu naître la Conférence : ce qui importait, c'était d'influencer le gouvernement de Guy Mollet. Mais le texte n'empêche pas les socialistes de la SFIO de rompre avec l'idée de négocier avec le FLN. François Borella (entretien) souligne la ressemblance des résolutions issues de la C.N.E avec les Accords d'Evian, six ans plus tard.

244. Alain Monchablon (*Op. cit.*) écrit à propos du communiqué commun de l'UNEF et de l'UGEMA : " Il ne correspond pourtant pas à une brusque conversion des dirigeants de l'UNEF: négociations avec le FLN, réconciliation entre les deux jeunesses et bientôt les deux nations, le contenu est tout à fait comparable à celui de la Conférence nationale étudiante tenue en juillet 1956 par F. Borella et J. Julliard " (*op. cit.*, p.111).

245. Entretien avec Jean Riedinger.

246. *L'Etudiant national*, n°7.

247. Pierre Morlot, qui se destine à la carrière de médecin, est l'un des militants étudiants de l'Action française. Il est président du Cercle Charles Vergnaud lorsqu'il meurt dans un accident de voiture, en mars 1961.

248. Entretien avec un ancien " étudiant de la Restauration ".

249. Ce premier numéro imprimé est le n°5, daté de " mars avril 1959 ". La collection complète jusqu'au numéro 13 (mars 1962) est disponible à la bibliothèque municipale de Nancy.

250. Dans le numéro 5 de *L'Etudiant national*, l'article " l'A.F. continue " joue sur la signification des initiales " A.F. " qui signifient aussi bien " Action Française " que " Algérie française ".

251. *Ibidem*.

252. A cet égard, la date de 1959 comme début de l'impression du journal, que l'on peut voir comme signe d'un essor du Cercle Vergnaud, est révélatrice : la IVème république est tombée pour l'Algérie, et la Vème ne semble pas avoir changé quoi que ce soit au problème.

253. *L'Etudiant national*, n°7, décembre 1959..

254. Entretien avec Paul L.

255. Le scandale aurait été provoqué par le refus de la minorité " Algérie française " de se lever avec tout le monde au cours d'une minute de silence pour protester contre l'assassinat d'un instituteur par l'OAS.

256. *L'Etudiant national*, n°7, décembre 1959.

257. " Si... ", *ibidem*.

258. L'épisode est raconté avec force détails dans *L'Est Républicain* du 21 décembre 1957.

259. Le pseudo père Lefèvre fut identifié par la Sûreté urbaine : il s'agissait de Maurice M, un étudiant en médecine âgé de 22 ans (*L'Est Républicain*, 31 décembre 1957). D'après un témoin de cette époque, Georges Suffert retira sa plainte parce que Maître Tixier-Vignancourt s'offrit pour défendre gratuitement les étudiants.

260. Robert Barrat était journaliste à *Témoignage chrétien*.

261. Entretien avec François Borella.

262. L'expression " soutane chantante " m'a été rapportée par François Borella. Cependant, Georges Brassens dans " les Trompettes de la Renommée " (1962), se moque de la " calotte chantante ".

263. Journée interdite pour la première fois en 1956 par les autorités (Monchablon, op. cit., p.74).

264. *L'Etudiant national*, n°10 bis, novembre 1961.

265. Gérard Rouffeteau reconnaît dans la liste des condamnés lors des procès OAS d'anciens potaches qui avaient été ses élèves.

266. *L'Etudiant national*, n°13, mars 1962.

267. Les catholiques " de gauche " préfèrent se dire " chrétiens " que " catholiques ". Par ailleurs, ceux-ci ne se qualifient pas encore comme étant de gauche au début de la guerre.

268. Dans la grande polémique de l'époque opposant les partisans de l'école libre à ceux de l'école laïque, les chrétiens de gauche se prononcent souvent en faveur de la seconde.

269. Entretien avec Jean Riedinger.

270. L'USRAF est créée en 1957 autour de Jacques Soustelle. Elle milite pour l' " intégration ", et rassemble des partisans de l'Algérie française venu d'horizons divers : le gaulliste Michel Debré, des hommes de gauche (Maurice Viollette, Paul Rivet), des catholiques (Mgr Salièges).

271. L'église Notre-Dame de Lourdes se trouve dans l'avenue du Général Leclerc, à Nancy.

272. Cette proportion accompagne le commentaire " parce que chaque semaine, *TC* est à la pointe du combat pour la justice sociale " dans une publicité pour *Témoignage chrétien*, figurant sur un dépliant pour la semaine de la JOC en 1955. ADMM 94J 6.

273. Cette réunion, qui a eu lieu le 11 mai 1956 est analysée p. 89 et p. 93.

274. L'église Saint Joseph se trouve rue Mont Désert.

275. Michel Winock, *Le Siècle des Intellectuels*, Le Seuil, Paris, 1997, p. 524.

276. Entretien avec Gérard Rouffeteau.

277. *Esprit* s'est distingué à propos de la guerre d'Algérie en particulier pour un article intitulé " la paix dans les Némantchas ", signé par Robert Bonneau, agrégé d'histoire et communiste, qui dénonce la guerre en Algérie.

278. Des groupes d' " Amis de *TC* " apparaissent dans diverses villes pour soutenir *Témoignage Chrétien* devenu symbole de l'opposition catholique à la guerre d'Algérie, sans que l'hebdomadaire en ait toujours pris connaissance (*Témoignage chrétien*, 7 février 1958)

279. *Vie Nouvelle*, issue des *Amitiés scoutes* (1942) qui formaient la quatrième branche des Scouts de France, fonctionne comme association autonome depuis 1947.

280. Lettres d'Annie et Pierre S.

281. D'après un article de *L'Est Républicain* du 21 février 1968, l'initiative aurait d'abord été due en 1957 à M Poncin, élève architecte. Puis celui-ci parti, il aurait laissé l'ALAFA à Robert Beix dès 1958.

282. Le résumé du contenu de la lettre de Soustelle provient d'un texte rédigé par le groupe d'intellectuels nancéiens pour le condensé de leur lettre ouverte à M. Soustelle paru dans *L'Est républicain* du 1.02.1956.

283. *Ibidem*. L'utilisation du mot " indépendance " est à souligner : on lui préfère en général celui d'" autodétermination " parce qu'il est moins mal perçu par les autorités.

284. Entretien avec François Borella.

285. Le SGEN apparaît comme " SGEN (CFTC) ", et est la seule présence de la CFTC dans ces comités (entretien avec Bernadette Rémy).

286. Feuille dactylographiée de présentation du " Comité de défense des libertés républicaines du lycée H. Poincaré " qui remplace le " Comité d'Union des Forces de Gauche du lycée H. Poincaré ". Archives personnelles de Gérard Rouffeteau.

287. Entretien avec François Borella.

288. La Nouvelle Gauche rassemble en 1954 autour de Claude Bourdet et de Gilles Martinet des militants " sensibles aux questions coloniales, souvent chrétiens, pétris d'humanisme; épris d'idéaux aussi simples que l'égalité et la justice " (Hervé Hamon, Patrick Rotman, *Les porteurs de valises, la résistance française à la guerre d'Algérie*, coll. Points Histoires, Albin Michel, 1979, p. 40).

289. Congrès du 3 avril 1960 à Issy-lès-Moulineaux.

290. Le PSA (Parti Socialiste Autonome) est issu d'une scission de la SFIO après le ralliement de cette dernière à de Gaulle. Le principal désaccord porte sur la politique algérienne que mène la SFIO.

291. H Hamon et P Rotman, *op. cit.*, p. 230, notent à propos de la

composition du PSU : " Les quinze mille adhérents du PSU forment un extraordinaire vivier où se croisent les espèces les plus variées et les plus rares ".

292. Entretien avec Gérard Rouffeteau.

293. Rapporté par Jean-Marc Gebler.

294. Entretien avec un colonel : " C'est ce qui a créé ce mouvement d'Algérie française avec le mouvement du 13 mai 58, qui a fait que la population algérienne en majorité (...) a accepté pendant un an pratiquement (...) ce grand mouvement de fraternisation, qui était extraordinaire ".

295. C'est ainsi que des témoins entourent de flou la mort de jeunes gens qui se sont opposés à la guerre d'Algérie: lorsqu'on parle de " disparition mystérieuse ", on soupçonne l'armée française de les avoir fait disparaître parce qu'ils étaient dérangeants. Ainsi, l'Abbé André Colin qui avait donné son aval à un jeune confrère pour partir en Algérie écrit : " Là-bas, il crapahuta beaucoup et voyait les choses d'une façon critique (...) Il a été tué à quelques mètres d'un mess. On s'est demandé si ce n'étaient pas des militaires qui l'avaient abattu " (Lettre de l'Abbé André Colin).

296. Philippe Van Thieghem, *Le Romantisme français*, Que-Sais-Je? n°123, PUF, Paris 1944, 1996 (13ème édition).

297. L'organe de l'OAS, *Vive la France*, est imprimé reproduit sur presses clandestines un peu partout en France. Les numéros que j'ai pu consulter sont le n°9 du 15 décembre 1961, le n°12 du 25 février 1962, et le n°15 du 15 avril 1962.

298. Appel du Conseil National Français, reproduit dans le n°9 de *Vive la France*.

299. *Vive la France*, n°12.

300. Entretien avec un prêtre.

301. *Vive la France*, n° 9.

302. *L'Est Républicain* du 3 octobre 1963 publie le verdict du procès OAS-Est. Douze des quarante et un inculpés sont des étudiants, auxquels s'ajoutent quatre " mineurs au moment des faits ".

303. Dans les messages personnels, les références à la noblesse et aux rois de l'Ancien régime sont fréquentes. Néanmoins, il semble que les monarchistes qui ont rejoint l'OAS ont été une petite minorité à Nancy (Entretien avec un ancien membre du Cercle Vergnaud).

304. Michel Winock (dir.), *Histoire de l'extrême droite en France*, coll. Points Histoire, Seuil, Paris 1994. Jean-Pierre Rioux note dans sa contribution à cet ouvrage : " ...les spécialistes du plastic de l'OAS n'avaient pas d'idéologie à la hauteur de leur impatience à barouder pour l'Algérie française, hormis leur culte fascinant du " para " et quelques bribes de Mao lues à la hâte et mâtinées d'un picorage hâtif dans *Le Viol des foules par la propagande politique* de Serge Tchakhotine " (p. 238).

305. *L'Est Républicain* du 20 janvier 1998, à *L'Est Républicain* du 20 janvier 1998, à l'occasion de la mort de la marquise.

306. La vallée de Los Caídos est le sanctuaire du franquisme. Le monument, qui célèbre la victoire des franquistes à l'issue de la guerre civile, est inauguré en 1959.

307. Gabriel Bastien-Thiry, *Plaidoyer pour un frère fusillé*, éd. de la Table ronde, Paris, 1966.

308. Entretien avec François Borella.

309. Les milieux réactionnaires de Roubaix manifestent de la même manière leur opposition, à une réunion pour la paix en Algérie à la même époque (archives nationales des Scouts de France).

310. Voir p. 89.

311. Entretien avec M et Mme Rouffeteau.

312. Etienne Fouilloux, " Chrétiens et juifs : comme les autres ? ", dans J-P Rioux, *op. cit.* Voir aussi *L'Etudiant national*, le libelle sur les " jeunes amis de TC " dans le n°7, décembre 1959, par exemple.

313. Le lien entre les positions " Algérie française " et le catholicisme intégriste sont évidents, mais il y aurait certainement des nuances à apporter.

314. Entretien avec François Borella.

315. Entretien avec M et Mme Rouffeteau.

316. Serge Bonnet, *op. cit.*, p. 484.

317. *Semaine religieuse de Nancy et de Toul.*

318. Louis Köll, *Ils ont voulu être prêtres, Histoire d'un Grand Séminaire, Nancy-Bosserville 1907-1936*, Presses universitaires de Nancy, 1987. P. 260 pour la première guerre mondiale.

319. C'est le sujet d'un colloque très éclairant, dirigé par René Rémond. Il permet en outre d'approfondir les divergences théologiques qui éclairent les prises de position pendant la guerre d'Algérie (Francis Jeanson et Jean de Fabrègues s'opposent frontalement). René Rémond (dir.), *Foi et religion : semaine des intellectuels catholiques*, Centre Catholique des Intellectuels Français, Desclée de Brower, Paris, 1971.

320. Voir l'introduction du présent ouvrage.

TABLE DES MATIÈRES

Préface de Gilbert Meynier 7

Introduction 11

CHAPITRE 1

UNE MAJORITÉ ENTRE APOLITISME ET PACIFISME ÉVANGÉLIQUE.

I. LA HIÉRARCHIE.

A.Les débuts de la guerre d'Algérie : Monseigneur Lallier et un catholicisme serein. 13

    1. Une affirmation prudente de l'égalité des hommes.

    2. L'irruption de la guerre d'Algérie dans le discours de Monseigneur Lallier.

B." Intransigeance et charité " : Monseigneur Pirolley. 16

    1. La défense de la France catholique contre les fléaux du marxisme et du mahométisme.

    2. Paix, amour et charité.

    3. La dénonciation des attentats de l'OAS.

II. PRÊTRES ET RELIGIEUSES : IGNORANCE THÉORIQUE ET SENSIBILITÉ FACE AUX SITUATIONS CONCRÈTES.

A.Les prêtres. 20

    1.Les prêtres ordonnés avant la guerre d'Algérie.

    2.Les prêtres ordonnés au début de la guerre d'Algérie : une génération de transition.

B.Les congrégations religieuses :
l'exemple de la Doctrine chrétienne. 27

III. LES SCOUTS DE FRANCE : SPÉCIFICITÉ DE LA ROUTE ?

A.L'engagement de Jean Muller. 28

B.L'Equipe Nationale Route. 29

C.Les routiers de Metz : le choix de l'engagement. 30

D.Chefs et routiers à Nancy :
diversité des opinions. 32

CHAPITRE 2

LES APPELÉS CATHOLIQUES FACE À LA GUERRE.

I. UNE FORMATION SPÉCIFIQUE ?

A. Les Scouts de France 35
B. Le grand séminaire : militarisme larvé ? 36
C. Un discours jociste sur la guerre. 38
D. Evangile et antimilitarisme ? 39

II. LES APPELÉS CATHOLIQUES ET LA GUERRE.

A. La vie d'appelé : les catholiques comme les autres. 40
B. La pratique religieuse dans la guerre. 44
   1. Une aumônerie militaire débordée.
   2. Au nom de l'Evangile.
C. Résistance passive et sensibilisation. 49

III. LE RETOUR SOUS LE SCEAU DU SILENCE.

A. Un grand silence qui n'est pas synonyme d'oubli. 53
B. Une expérience fondatrice. 57

CHAPITRE 3

DES MINORITÉS MILITANTES.

I. LE MILIEU OUVRIER CATHOLIQUE.

A. L'avant-garde jociste. 59
B. Accélération de l'évolution de la CFTC sous la pression de la guerre d'Algérie. 60
   1. Une CFTC en voie de déconfessionnalisation.
   2. Une prise de position de plus en plus déterminée.
C. Les porteurs de valises. 62

II. L'EXISTENCE D'UN MILIEU ÉTUDIANT CATHOLIQUE TRÈS POLITISÉ.

A. Etudiants catholiques et opposition à la guerre d'Algérie. ... 64

1. Le JEC : l'engagement des étudiants catholiques dans la cité.

2. Le refus de porter les armes : l'engagement non-violent.

3. Le rôle des catholiques dans le basculement de l'UNEF à gauche.

4. La poursuite de l'engagement après la fin de la guerre d'Algérie.

B. Les hérauts de l'Algérie française. ... 68
C. L'affrontement. ... 70

III. LES CATHOLIQUES SUR LA SCÈNE POLITIQUE.

A. Sur le parvis de l'Eglise. ... 71
B. Les catholiques dans l'opposition à la guerre d'Algérie. ... 74

1. Quelques groupes chrétiens et les premiers pas de l'œcuménisme.

2. Des comités au gré des événements.

3. Les catholiques du MLP au PSU.

C. La défense de l'Algérie française. ... 76

1. Groupements monarchistes, anciens-combattants et militaires.

2. Une certaine conception de l'engagement individuel : Algérie française et romantisme.

D. Violence politique à Nancy. ... 80

Conclusion ... 81

Annexe. ... 83

Liste des sigles utilisés. ... 88

Sources et bibliographie. ... 89

Notes. ... 94

Table des matières. ... 110